Eduard Ludwig W. Lohmeyer

**Die Handschriften des Willehalm Ulrichs von Türheim**

Eduard Ludwig W. Lohmeyer

**Die Handschriften des Willehalm Ulrichs von Türheim**

ISBN/EAN: 9783743664029

Hergestellt in Europa, USA, Kanada, Australien, Japan

Cover: Foto ©Thomas Meinert / pixelio.de

Weitere Bücher finden Sie auf **www.hansebooks.com**

# DIE HANDSCHRIFTEN DES WILLEHALM ULRICHS VON TÜRHEIM.

VON

EDUARD LOHMEYER.

KASSEL.
GEORG H. WIGAND.
1883.

# HERMANN SUCHIER

DANKBAR UND FREUNDSCHAFTLICH

ZUGEEIGNET.

# Vorwort.

Die nachfolgende bei der philofophischen Fakultät in Halle als Dissertazion eingereichte Abhandlung ist auf etwa ein Drittel ihres ursprünglichen Umfanges zufammengezogen worden. Bei der kürzenden Umarbeitung, welche Herr Professor Zacher nicht nur für zweckmässig und wünschenswerth erklärte, fondern auch durch eingehende Rathschläge und Anweifungen in dankenswerthester Weife gefördert hat, galt es indessen nicht bloss, Überflüssiges zu befeitigen und Weitläufigkeiten durch gedrängtere Anordnung zu vermeiden, fondern es musste auch, um den gewünschten Umfang zu erreichen, Manches ausgeschieden werden, was zwar zur Sache gehörte und Erörterung verdiente, aber doch ohne den Zufammenhang der vorliegenden Arbeit zu zerreissen für jetzt ausgeschieden und einer Behandlung an anderer Stelle vorbehalten werden konnte.

Es ist mir eine angenehme Pflicht, an diefem Orte der vielfachen Unterstützung zu gedenken, welche mir in Bezug auf die vorliegende Arbeit von verschiedenen Seiten zu Theil geworden ist. Ausser Herrn Professor Zacher bin ich zu ganz befonderem Danke Herrn Professor Suchier in Halle verpflichtet für Mittheilung eines mit zahlreichen Nachweifen verfehenen Verzeichnisses der Handschriften und Bruchstücke, für Überlassung mehrerer Abschriften und Beschreibungen, für vielfachen werthvollen Rath und unermüdlich liebenswürdige Förderung jeder Art. Auch verschiedenen Bibliotheksverwaltungen habe ich für gütige Überfendung von Hss. und Bruchstücken an die hiefige ständische Landesbibliothek meinen lebhaften Dank auszusprechen. So befonders der königlichen Hof- und Staatsbibliothek zu München und der grossherzoglichen Univerſitätsbibliothek zu Heidelberg, ferner der königlichen Bibliothek zu Berlin und der Bibliothek des Germaniſchen Nazionalmuſeums zu Nürnberg. Endlich hat Herr G. Leue in Berlin mich auf ein noch unbekanntes Bruchstück aufmerkſam gemacht und ſogar die Güte gehabt, eine ſorgfältige Abschrift desſelben nebst einem Fakſimile einiger Zeilen für mich anzufertigen (ſ. S. 9 f.). Bezüglich der zu meinen Textproben (S. 25 ff.) gegebenen Varianten bemerke ich hier in Ergänzung des S. 24 Geſagten noch Folgendes. Es war meine Abſicht, die ursprüngliche, ziemlich willkürliche Reihenfolge der Varianten durch eine streng ſystematiſche Anordnung zu erſetzen, indem ich nach Lachmanns Vorgange von den echteren Lesarten zu den mehr und mehr entstellten allmälich abstiege; äussere Gründe haben leider die Ausführung dieſer Abſicht verhindert. — Auch formale Varianten wie z. B. *wellent — went — willent — wollent*, ferner *ellent — ellen* u. dgl. m. ſind in der Regel nicht berückſichtigt, ohne dass jedoch in dieſer Beziehung strenge Folgerichtigkeit beobachtet worden wäre. — Die hss. lichen Abkürzungs- und diakritiſchen Zeichen haben mit den in der Druckerei vorhandenen Typen mehrfach nur annähernd genau wiedergegeben werden können.

Kassel, im Oktober 1882.

EDUARD LOHMEYER.

# 1. Einleitung.

## Leben und Werke Ulrichs von Türheim.

Wolfram von Eschenbach war vor Vollendung feines Willehalm gestorben. Das weit verbreitete und tiefgehende Interesse an der Dichtung, bezeugt durch die zahlreichen uns erhaltenen Handschriften und Bruchstücke wie auch durch den Anfang einer Überfetzung ins Lateinische (Lachmann, Wolfram' XLII ff.), mochte vielfach fowohl den fehlenden Schluss ungern vermissen lassen als auch den Wunsch wecken, Näheres zu erfahren über die früheren Ereignisse, auf welche die Verhältnisse und Vorgänge des Gedichtes vielfach zurückwiefen, die aber Wolfram nur knapp angedeutet hatte. So unternahmen es zwei spätere Dichter, Wolframs Werk nach beiden Seiten zu vervollständigen. Ulrich von Türheim verfasste die Fortfetzung:

> Ich von Türheim Uolrîch
> mit vorhten mich dar binde
> daz ich mich underwinde
> dar er [Wolfram] gestecket hât sîn zil:
> dar umbe ichs doch niht lâzen wil,
> ez enwerde volletihtet.

(Heidelberger Hs. 404, Bl. 108c) und

> Er [Wolfram] hât ez abegebrochen.
> dâ ez was aller beste:
> nu wil ichz biz ze leste
> durch guote liute machen.

(ebenda 154a) — und Ulrich von dem Türlîn dichtete zuletzt die Vorgeschichte hinzu.

Über Ulrichs von Türheim Leben, Heimath, Familie ufw. hat fehr fleissige und ausführliche, freilich auch viel Überflüssiges enthaltende Unterfuchungen angestellt Karl Roth in 'Uolrich's von Türheim Rennewart. Nabburger Bruchstücke', Regensburg 1856, S. 62 ff. Ich laffe die wefentlichen Ergebniffe von Roths Arbeit folgen, indem ich diefelben in mehreren Punkten näher begründe, ergänze und berichtige.

Ulrich gehört dem noch jetzt bestehenden alten Schwäbischen Adelsgeschlechte derer von Türheim an, welches um 1629 nach Österreich auswanderte und dort 1666 in den Reichsgrafenstand erhoben wurde. Dafelbe, urkundlich zuerst bezeugt um 1127, hatte feine Stammburg in Oberthürheim unweit Wertingen (Kgr. Baiern, Reg.-Bez. Schwaben), 4 Meilen nordnordwestlich von Augsburg. Der Name Ulrich von Türheim kommt vor in 7 Urkunden von den Jahren 1236, 1244, 1256, 1257, 1263, 1266, 1285. Nach Roth gehen nur die zwei ersten Urkunden auf unferen Dichter, während in den anderen, welche alle fünf ficher auf eine und diefelbe Perfon fich beziehen, ein jüngerer Namensvetter erscheint. Für diefe Annahme sprechen die Altersverhältnisse des Dichters Ulrich, denn diefer war, als er den Willehalm verfasste, d. h. gegen 1250 (f. u.), bereits hoch betagt. Das ergibt fich schon mit einiger Wahrscheinlichkeit aus feinem Verhältnisse zu Rudolf von Ems. Die Art nämlich wie Rudolf, der um 1200 geboren war (Bartsch in den Germanist. Studien I, 4 ff.), wiederholt feinem 'Freunde' Ulrich fich unterordnet und ihm in dichterischer Beziehung den Vorrang zugesteht (fiehe die Stellen bei Goedeke, Deutsche Dichtung im Mittelalter S. 880 u. 864), lässt darauf schliessen, dass letzterer um ein Merkliches älter war. Schon hiernach dürfte Ulrichs Geburt um nicht ganz wenige Jahre vor Beginn des 13. Jahrhunderts zu fetzen fein. Auch spricht ferner, wie Roth mit Recht hervorhebt, die übermässige Breite und Weitschweifigkeit im III. Theile des Willehalm dafür, dass der Dichter zur Zeit der Abfassung bereits im Greifenalter stand. Dafelbe geht in bestimmterer Weife aus einer Reihe von Äusserungen hervor, welche Ulrich felbst im Willehalm thut; fo aus den Stellen bei Roth S. 123, 124, auch 118. Befonders deutlich aber ist die folgende Stelle:

> Nu begunde daz alter Kilamesn
> drücken harte vaste.
> Ich bin mit dem selben laste
> sêre beladen leider:
> ich wolde enbern der beider,
> des alters und der armuot.

(Heidelb. Hdschr. 270 b).

Aus allem diefen lässt fich mit gutem Grunde schliessen, dass der Dichter gegen 1250 mindestens ein hoher Sechziger oder angehender Siebziger war, dass alfo feine Geburt um etwa 1180, wenn nicht früher, anzufetzen wäre. Ist aber diefe Annahme richtig, fo kann er kaum bis 1285 als Zeuge in Urkunden erscheinen; es wären dann vielmehr mit Roth nur die 2 ersten der angeführten Urkunden, die von 1236 und 1244 — beide vom Bischof Siboto von Augsburg ausgestellt — auf unferen Dichter zu beziehen.

Über die perfönlichen Verhältnisse Ulrichs wissen wir wenig Sicheres. Dass er nie verheirathet gewefen, geht ziemlich deutlich aus einer Äusserung hervor, die er im Willehalm thut: Malfer und Penthefelie find an ihrem Hochzeitabende im Begriffe zu Bette zu gehen; der Dichter unterbricht feine Erzählung mit den Worten:

> Wer kan mich nu bescheiden,
> wederz ê undr in beiden
> an daz bette solde gân?
> Ich hân es selbe niht getân
> noch enhân es selbe niht gesehen.
> Er mohte mir es wol verjehen,
> der eine magt nam ze konen:
> des ich nimmer wil gewonen.

(Heidelb. Hdschr. 252 a). Die '*ingenua a Rotenstain*', welche oft dem 'Minnefänger' Ulrich v. T. als Gemahlin zugeschrieben wird (f. Roth S. 62 f.), ist alfo als Gemahlin des jüngeren Ulrich anzufehen. Dagegen spielt unfer Dichter mehrfach auf ein unglückliches Liebesverhältniss an, das er gehabt habe.

Eine hervorragende Lebensstellung kann er nicht wohl eingenommen haben, da er unter den Zeugen der Urkunde von 1244 an letzter Stelle erscheint (Roth 82; in der anderen Urkunde ist er alleiniger Zeuge); auch würden uns sonst wohl bestimmtere und ausführlichere Nachrichten über ihn erhalten fein. Er war auch mit Glücksgütern nicht gefegnet, wie u. a. aus einer Äusserung hervorgeht, die er gegen Ende des Willehalm thut*); es heisst dort an einer schon angeführten Stelle:

Ich wolde enbern der beider,
des alters und der armuot:
Got teilet ungelîche guot,
er gît dem argen mêre
danne dem der minnet êre —

und kurz darauf:

sît grôz guot mich gar verbirt.

(Heidelb. Hdschr. 270 b).

Ulrich erfreute fich der Gunst des Königs Heinrich, dessen Tod er im Willehalm beklagt. Lachmann (Wolfram XLI) versteht hierunter Heinrich Raspe von Thüringen, zum Deutschen Könige erwählt von der päpstlichen Partei am 22. Mai 1246, gestorben am 17. Februar 1247. Roth dagegen denkt (S. 110) mit Anderen an Heinrich den ältesten Sohn Kaifer Friedrichs II., geboren 1212, König 1220, wegen Empörung gegen den Vater abgefetzt 1235, dann gefangen nach Unteritalien geführt und dort 1242 gestorben. Roth findet Lachmanns Deutung auf Heinrich Raspe unbegreiflich, 'denn diefer alte und schmutzige Landgraf von Düringen hatte keinen Sinn und kein Geld für Schwaben und dessen Dichter, fondern stand vielmehr den Staufern, und den Schwaben überhaupt feindfelig gegenüber.' Allein diefer nach Franz Pfeiffer (Germania 2, 251) 'fehr gute und überzeugende Nachweis' ist durchaus hinfällig. Denn der um 1202 geborene Landgraf Heinrich Raspe (f. Haeutle i. d. Ztschr. d. Ver. f. Thüring. Gesch. 5, 155) war weder alt noch befonders 'schmutzig' noch im Allgemeinen ein Feind der Hohenstaufen und Schwaben.

---

*) Nicht hierher gehört die von Roth S. 82 angezogene Stelle: *(Des ruoche mich geniezen lân) Dô ich pfant noch bürge hân*. Denn zu schreiben ist mit den Handschriften *Dû..... bürgen...*, und der Sinn ist nicht, wie Roth meint, 'weil ich weder Pfänder noch Burgen, alfo überhaupt keinen Grundbefitz habe', fondern vielmehr 'dort wo weder Pfänder noch Bürgen für mich armen Schuldner eintreten', d. h. vor dem jüngsten Gerichte. Der Ausdruck ist formelhaft und kehrt öfters wieder; in unferem Gedichte z. B. Bl. 190c, 195b, 221 a-b; bei Walther 16, 19 ff. Vgl. Wilmanns' Walther SS. 88, 218, 350, und Wackernell i. d. Ztschr. f. Öst. Gymn. 1880 I. 455.

Er war vielmehr bis in die 40er Jahre hinein einer der geschätztesten Anhänger Kaiſer Friedrichs, erscheint häufig in dessen Umgebung, wird von demſelben 1242 zum Reichsverweſer und Pfleger des jungen Königs Konrad ernannt, dessen Erwählung mit von ihm ausgegangen war; ja er war ſogar wegen ſeiner Anhänglichkeit an den exkommunizirten Kaiſer 1240 ſelber von dem päpstlichen Bannstrahle getroffen worden (Knochenhauer, Geschichte Thüringens S. 342 ff.; Schirrmacher, Kaiſer Friedrich II. Bd. IV S. 349, 4). Mit dem Schwäbischen Adel aber oder einem grossen Thoile desſelben stand Heinrich Raspe auch nach ſeinem Zerfalle mit den Hohenstaufen im besten Verhältnisse: bei ſeiner Wahl in Veitshöchheim war der Schwäbische Adel durch mehrere ſeiner angeſehensten Mitglieder vertreten; die Schlacht bei Frankfurt (5. August 1246) gewann Heinrich nur dadurch, dass die Schwäbischen Grafen und Herren von König Konrad zu ihm übergingen; ſeinen Zug nach Schwaben, zu dem ihn eben ſeine dortigen Anhänger eingeladen hatten, unternahm er, wie er mit Recht ſagen konnte, *jam fere omnibus illius terrae nobilibus ad pedes nostrae celsitudinis inclinatis* (Stälin, Wirtemb. Gesch. II 195 ff.; Schirrmacher a. a. O. 204, 211, 216, 223; Knochenhauer a. a. O. 364). Ausserdem ist es eine ſehr naheliegende Annahme, dass Heinrich einen Theil der Vorliebe für Wissenschaft und Poeſie geerbt habe, welche ſeinen Vater Hermann I. auszeichnete, dass er, schon aus Pietät gegen den Vater, dem Wolfram die Quelle ſeiner Willehalmdichtung verdankte, dem Fortſetzer und Vollender derſelben ſeine Gunst zuwandte.

Ein anderer Gönner Ulrichs von Türheim war der als Freund und Förderer Deutscher Dichtkunst bekannte Schenk Konrad von Winterstetten, gestorben 1242 oder anfangs 1243. Als ſeinen Freund nennt der Dichter ferner Konrad von Erringen, Truchſessen des Hochstiftes Augsburg, gest. 1231; auch zu denen von Nifen stand er in Beziehungen. Alle dieſe Freunde und Gönner hat er, wie er im Willehalm (Heidelb. Hs. 222c, Roth S. 108 f.) klagt, vor ſich sterben ſehen müssen.

Von den Werken Ulrichs ſind uns zwei erhalten: die Fortſetzung von Gottfrieds Tristan und die von Wolframs

Willehalm. Ausserdem dichtete er, wie Rudolf von Ems an zwei Stellen feines Wilhelm bezeugt, einen Clies (f. z. B. v. d. Hagen, Minnefinger IV 107, Anm.; 869; 550 Anm. 6; 612 Anm. 3), wie es scheint auch wieder eine Fortfetzung, deren Anfang von Konrad Fleck verfasst war (Sommers Flore XXXIV). Ulrichs Clies ist wahrscheinlich das älteste von den 3 Werken; er muss ungefähr um 1230 gedichtet fein, weil er in Rudolfs Wilhelm, dessen Abfassung zwischen 1231 und 1235 fällt, als kürzlich verfasst erwähnt wird (Bartsch i. d. Germanist. Stud. I, 6; Pfeiffer, Freie Forschung 159). Der Deutsche Clies ist wohl ficher dem Französischen Cliget des Chrestien von Troyes nachgebildet; er gehört feinem Inhalte nach der Artusfage an mit Abschweifung, da der Held ein Grieche ist, in den Byzantinischen Gedichtkreis (Wackernagel, Gesch. d. D. Lit.² 247).

Die Fortfetzung des Tristan dichtete Ulrich, wie er felbst im Eingange und am Schlusse (3660 ff.) angibt, auf Veranlassung des Schenken Konrad von Winterstetten. Das Werk muss alfo vor Konrads Tode, der 1242 oder anfangs 1243 erfolgte, verfasst fein. Es viel weiter zurück nach der klassischen Periode zu fetzen verbietet die Sprache des Dichters, welche schon mancherlei Freiheiten und mundartliche Eigenheiten aufweist (Bechstein, Tristan Bd. II S. 301; vgl. Minnefinger IV 613). Auf eine Quelle beruft fich Ulrich nicht; feine Erzählung entfernt fich von der Tradition, welcher Gottfried folgte und nähert fich der Fabel Eilharts, der populären Erzählung (Bechstein a. a. O.; vgl. Wackernagel, Gesch. d. D. Lit.² 249). Herausgegeben ist Ulrichs Gedicht dreimal: von E. von Groote, Berlin 1821; von F. H. v. d. Hagen, Breslau 1823; von H. F. Massmann, Leipzig 1843, jedesmal in Verbindung mit Gottfrieds Tristan.

Zuletzt von den drei uns bekannten Werken Ulrichs ist die Fortfetzung von Wolframs Willehalm abgefasst. Sie kann nicht vor 1247 vollendet gewefen fein, denn der Dichter nennt[*]) den 'künec von Hollant' (Lachmann, Wolfram⁴ XLI; Münchener

---
[*]) Indessen ist die Echtheit der betr. Verfe zweifelhaft; ich denke die Stelle später an anderem Orte zu besprechen.

Papier-Hdschr., 175a), d. h. den am 29. September 1247 'von einigen Bischöfen und Grafen' zum Römischen Könige erwählten Grafen Wilhelm von Holland. Aus einer anderen Stelle geht hervor, dass bei ihrer Abfassung Kaifer Friedrich II. (gest. 13. Dezember 1250) noch lebte (f. Lachmann, Wolfram' XLII; Heidelb. Hs. 165 b). Hiernach wird mit Lachmann die Abfassung des Gedichtes in die Zeit 'gegen 1250' zu fetzen fein, eine Annahme, welche auch bestätigt wird durch Ulrichs schon erwähnte Klage um den Tod des 'Königs Heinrich', falls unter diefem mit Lachmann Heinrich Raspe zu verstehen ist (f. o.).

Zur Vollendung des Willehalm entschloss fich Ulrich, wie er im Eingange erklärt, um durch ein Gedicht wahrhaftigen Inhaltes, das er im Dienste und zu Ehren Gottes und des heiligen Wilhelm unternehme, wieder gut zu machen, wenn er früher, dem Geschmacke des Publikums nachgebend, gesprochen habe 'das gelogen was'. Zugleich aber wolle er damit den Bitten 'eines guten Weibes' willfahren, dem er vor allen andern Frauen Gutes gönne (f. Roth, 118 ff.). — Ulrich dichtete nach einem Französischen Vorbilde: er fagt felbst, dass er die Arbeit nicht würde haben unternehmen können, wenn nicht *'Otto der Bogenœre'*, der da *'sitzet ze Ougspurc in der stat'*, ein *'welsches buoch'* erworben und *'her ze lande'* gebracht hätte; und an anderer Stelle bezeichnet er als feinen Gewährsmann einen Französischen Dichter aus St. Denis (Lachmann, Wolfr.' XL f.; Roth 84, 87). Otto der Bogener kommt in zwei Augsburger Urkunden von 1237 und 1246 vor; Roth 89 ff. gibt Näheres über ihn: zum Minnefinger macht er ihn mit Unrecht (f. Pfeiffer in Germania 2, 252. — Auf feine Quelle, das *'buoch'* oder das *'mœre'*, auch die *'histörje'*, die *'krônike'* beruft fich Ulrich häufig. — Wiederholt mischt er einzelne Worte, ja mehrere Verfe Französisch in den Deutschen Text ein; das mag auf Nachahmung Gottfrieds und Wolframs beruhen. Beide ahmt er auch fonst in einzelnen Wendungen nach, fo z. B. letzteren recht deutlich in der Stelle Heidelb. Hs. 221a 22 ff.:

Dô in die wahter tåten kunt
daz die wolken wæren grâ

und daz der tac sîne clâ
hete geslagen durch die naht.

(vgl. Wolframs Lied bei Lachmann S. 4). Auch Lateinische Ausdrücke gebraucht Ulrich wiederholt: *'Te Deum laudamus', 'Deus miserere nostri', 'krût fave unde bîse'* (d. i. fabae und pisae = pisa) u. dgl. m.

Eine ausführliche Inhalts-Überſicht des Gedichtes hat kürzlich O. Kohl im 13. Bande von Zachers Zeitschrift gegeben. Auf eine ästhetische Würdigung desſelben kann hier des Näheren nicht eingegangen werden. Unzweifelhaft schreckt das Werk von vorn herein ab durch ſeine ungeheuere Länge: es zählt in der noch nicht ganz vollständigen Heidelberger Hs. etwa 36400 Verſe! Mehr noch ermüdet es durch die zerfliessende bis zu unglaublicher Geschmackloſigkeit ſich steigernde Breite der Darstellung, durch übermässig ausgesponnene platte theologische Erörterungen u. dgl. m. Indessen fehlt es doch, auch abgeſehen von den guten Sprichwörtern, derentwegen fast allein Lachmann das Gedicht beachtenswerth findet, nicht ganz an besser gelungenen Stellen. Beispielsweiſe ist eine Stelle, auf welche schon W. Grimm (im Neuen Literar. Anzeiger 1807 Nr. 21) aufmerkſam machte, dem Dichter recht gut gelungen: die Erzählung wie eine himmlische Stimme Rennewart in der Brautnacht den baldigen Tod ſeiner geliebten Alîſe verkündet, wie Rennewart in dem dann folgenden Gespräche mit der erwachten Alîſe, die nicht nachlässt mit ängstlich neugierigem Fragen in ihn zu dringen, trotz ſeinem furchtbaren Seelenschmerze mit heiter freundlicher Rede die Geliebte zu beruhigen weiss (Heidelb. Hs. 131a 54 ff.). —

— Der Stil des Dichters ist ein gebildeter, ſeine Sprache zeigt mehrfach mundartliche Eigenheiten z. B. Infinitive auf e, ferner Reime wie *erlaſchte : raſte, heil* (= hât) : *leit* u. a. m. Wichtig ist Ulrichs Werk auch wegen der darin benutzten Franzöſiſchen Quellen; O. Kohl hat dieſelben a. a. O., doch nur ſoweit ſie bereits gedruckt vorliegen, mit Ulrichs Dichtung verglichen: eine vollständige Behandlung des Gegenstandes steht von Prof. Suchier zu erwarten.

## 2. Die Handschriften.

Es find uns von Ulrichs von Türheim Willehalm 27, oder mit Einschluss von 3 freieren Bearbeitungen 30 Handschriften und Bruchstücke von Hss. erhalten. Ich zähle diefelben möglichst in der Reihenfolge ihres Alters auf. Zu vergleichen find die Verzeichnisse der Hss. des Willehalm bei v. d. Hagen und Büsching, Grundriss S. 177 ff.; Lachmann, Wolfram' XXXIII ff.; Goedeke, Deutsche Dichtg. im MA. S. 697; Pfeiffer, Quellenmaterial, in den Denkschriften d. Wien. Ak. ph. h. Cl. Bd. XVII; auch Suchier, Quelle Ulrichs v. d. Türlin S. 6 ff.

1. Nürnberg, Germ. Mufeum nr. 7216, vor Ende XIII. Jhds., Pgm.-Doppelblatt 4°, Schwäbisch; 2spaltig zu 46—47 abgefetzten Verfen, von denen oben je 2—3 weggeschnitten find; stark beschädigt. S. Bartsch, Anzeiger f. K. d. D. Vz. 1858, 176. Fortlaufender Text; beginnt 2a: *Ich wil nith gote entrinnen* = Heidelberger Hs. (nr. 7) Bl. 180b 44, schliesst 1d: *Da vns fol liebes vil gefchen* = Heid. 182a 16.

2. = k. Kreuznach, hist. Verein, XIII. Jhd., Pg.-Doppelblatt Fol.; Niederrheinisch: 2spaltig; oben und unten beschnitten, wodurch von den ursprünglich 51 Zeilen jeder Spalte 4 fortfallen. Herausgegeben von Kohl in Zachers Zeitschrift XIII, 289 ff. Bl. 1 = Heid. Hs. 119 d 6 — 120 c 36, Bl. 2 = 129 d 22 — 130 c 53.

3. Regensburg, Geschichtsverein, Ende XIII. Jhds., 3 Pg.-Blätter Fol., Bairisch; gefunden 1836 zu Nabburg; 2spaltig zu 42 abgefetzten Verfen. Herausgegeben von K. Roth, Uolrichs von Türheim Rennewart, Regensburg 1856. Bl. 1 = Heid. Hs. 232 d 49 — 233 c 54, Bl. 2 und 3 = Heid. 237 c 55 — 239 b 18.

4. Manderscheidtsche Bruchstücke, wohl noch XIII. Jhd., Pg. Fol., 3spaltig zu 43 abgefetzten Verfen, Alemannisch; und zwar:

a. Berlin, königl. Bibliothek, Access. 4176, 1 Bogen, der innerste einer Lage. Herr G. Leuo in Berlin erkannte das Bruchstück als einen Theil von Türheims Willehalm und und zwar von derfelben Manderscheidtschen Hs., von welcher Dr. Haag ein Türlinsches Bruchstück beschrieben und herausgegeben hat in Zachers Zeitschr. 3, 95 ff. Das Blatt hat als Aktenumschlag gedient und trägt die Aufschrift: 'Extract Kerpifcher [alfo Kerperischer] Gelt vnd Früchtt Gefeſt [fo!] 1582.' (Kerperich zwei Dörfer unweit Saarlouis; der Lage nach würde besser passen die Beziehung auf das Kirchdorf Kerperscheid unweit des Manderscheidtschen, durch feine ehemalige Handschriftenbibliothek berühmten Schlosses Blankenheim.) 510 Verfe. Anfang 1a *Sv̇ gat gan Portipaliart* = Heid. Hs. 140 b 37, Schl. 2f *Swo wir vf der ḃ erde han* = Heid. 142 c 49.

b. Innere Längshälfte eines Blattes, Aufbewahrungsort unbekannt. 4 von den 6 Spalten find erhalten, a und f vollständig, b ohne die Schlüsse, e ohne die Anfänge der Verfe. Ich fand eine Abschrift des Bruchstückes eingeheftet in Lachmanns Abschrift der Heidelb. Hs., mit dem Vermerke von Lachmanns Hand 'Fragment aus dem Archiv zu Koblenz, von ˅rof. Deycks den 20. Merz 1842 mitgetheilt.' In Koblenz ist das Bruchstück nicht mehr, auch nicht in der kön. Bibliothek zu Berlin, welcher fonst alle derartigen Bruchstücke des Koblenzer Archivs in den 40er und 50er Jahren überwiefen worden find. Die Vorderfeite beginnt *Er spch ob ich fie vinde dort* = Heid. 180 d 1, und schliesst *Swes ich dich wo̊*..... = H. 181 a 29; Rückf. Anf...... *vil gu̇t$^s$* (= guoter) *wer* = H. 181 c 4, Schl. *Ds er ab ime twu̇g ds mu̇r* = H. 181 d 35.

c. 2 Blätter, beschrieben und hsgg. von Josef Pirig in Haupts Zeitschr. f. D. A. N. F. XIV, 165 ff. Blatt 1 enthält Heid. 171 c 7 — 172 c 40; Bl. 2 beginnt *Wie Rennewart danach gefuor* = H. 181 d 36, schliesst alfo unmittelbar an den Schluss des unter b genannten Bruchstückes der Hs. an; Bl. 2 schliesst: *Der Markis Rennewa[rte]* = H. 183 a 16.

5. = E. Efferding, Hs. der 3 Theile des Willehalm in der früher zu Riedegg befindlichen fürstlich Starhembergischen Bibliothek 'I. 38, grösstes Folio, 13.—14. Jhd., 151 Blätter in 3 Spalten zu 65 Zeilen.' (Pfeiffer, Germania 12, 65 ff.; vgl. denfelben in den Denkschriften d. Wien. Ak. ph. h. Cl. Bd. 17 S. 37). Türheims Theil beginnt Bl. 61 f. Schlussvers: *Biz daz iwer ku̇nftc trost* = Heid. Hs. 265 c 27. Darnach müssen 3 oder wahrscheinlicher 4 Blätter weggeschnitten fein,

nicht bloss eins, wie Pfeiffer angibt. Leider habe ich nur Pfeiffers gedruckte Proben, und auch diefe nur theilweife, benutzen können. Trotz allen meinen Bemühungen wurde mir jede direkte Benutzung der Hs. verweigert, auch die erbetene Fürsprache des kön. Preuss. Kultusministeriums als ausfichtslos verfagt.

6. = v (Lachmann). Die nach und nach in Bamberg aufgefundenen Bruchstücke aus allen 3 Theilen des Gedichtes*), im Ganzen 13 Bogen = 26 Blätter, 2 Bl. des I., 1 des II., 23 des III. Theiles; Pgm. Folio, Ende XIII. Jhds., 2spaltig, zu 45 abgefetzten Verfen; mit dürftigen Gemälden auf Goldgrund, welche die Verszahl der betr. Spalten vermindern. Die Blätter haben als Bücherdeckel gedient, find aber wenig beschädigt. Sprache Schwäbisch mit Spuren Mitteldeutschen oder Elfässischen Einflusses. — Vgl. 1. Gräter, Fliegender Antiquarius, Schwäbisch Halle 1802 Nr. 33 S. 131 f. — 2. Docen in der Zeitschrift Eos, 1818 Nr. 48, 49; 1819 Nr. 8. — 3. Mones Anzeiger I (1832), 224. — 4. Lachmann, Wolfram' XXXVI f. — 5. Mones Anz. 1837, 54. — 6. II. Bericht des hist. Vereins zu Bamberg, 1838, S. 50 Nr. 74. — 7. K. Roth, Bruchstücke a. d. Kaiferchronik XII, XXIII. — 8. K. Roth, Rennewart 61.

Die Bamberger Bruchstücke werden jetzt an verschiedenen Orten autbewahrt:

a. München, Hof- und Staatsbibliothek, 6 Bogen = 12 Blätter des III. Theiles, fignirt Cgm. 193 (e. 15), mit zufammen 2023 Verfen. Der Inhalt der Blätter ist, verglichen mit der Heidelb. Hs., folgender: Bl. 1 = 127 d 19 — 128 c 22; Bl. 2 = 131 c 5 — 132 b 16; Bl. 3 und 4 = 175 c 1 — 177 a 10; Bl. 5 = 247 b 29 — 248 a 10; Bl. 6 = 250 d 41 — 251 c 52; Bl. 7 bis 9 = 255 a 53 — 257 c 4; Bl. 10 bis 12 = 259 a 3 — 261 a 52 **).

---

*) Zu derfelben Hs. gehört der Bogen aus dem II. Theile, welcher in Gräters, später Köpkens Bofitze war (Lachmann, Wolfram ' XXXVI).

**) Irrthümlich rechnet M. Haupt (Lachmann, Wolfram' XXXIV) diefe Blätter zu der viel älteren, auch fonst ganz unähnlichen Hs., der das Wolframsche Bruchstück J angehört. Ebenfo irrig ist Haupts Identifizirung der Hs. J mit Cgm [= Cod. Germ. Monac.] 193: diefe Signatur bezeichnet bloss eine Sammelmappe mit 27 Blättern des Willehalm, 14 Wolframschen

b. Berlin, kön. Bibliothek, Mscr. Germ. fol. 746, 4 Bogen = 8 Blätter des I., II. und III. Theiles, nicht bloss, wie die Aufschrift angibt, aus dem Türheimschen Gedichte; im Ganzen 1341 Verfe. Es find, wie ich bei der Abschrift erkannte, die Blätter, welche ihrer Zeit J. G. G. Büsching zugeschickt worden waren und feit dessen Tode (1829) für verloren galten (Lachmann, Wolfr.⁴ XXXVI f.). Nach Berlin find fie aus der Bibliothek Hoffmanns von Fallersleben gekommen. Bl. 3 und 4 scheinen von anderer Hand als die übrigen geschrieben und gehören dem Türlinschen Theile an: 3 = Casparfon S. 106 a 21—27 und 109 a 28 — 111 a 9; 4 = 108 a 25—109 a 27 und 100 b 4 — 102 a 5 (4 gehört vor 3). Blatt 6 enthält den Schluss des Wolframschen Theiles: 461, 19 — 467, 8. Die übrigen 5 Blätter gehören in folgender Ordnung zum Türheimschen Theile: Bl. 5 = Heid. Hs. 115 c 16 — 116 b 18; Bl. 8 und 2 mit fortlaufendem Texte, = Heid. 200 b 39 — 201 d 36, Bl. 1 und 7 = 206 b 45 — 208 a 12.

c. Früher im Befitze des Zeichnungslehrers von Reider in Bamberg, gegenwärtig meines Wissens im Bairischen Nazionalmufeum zu München findet fich 1 Bogen, der innerste einer Lage, ohne Gemälde, alfo mit vollen 360 Verfen Text. Anf. 1 a *An dekeiner flachte fachen* = Heid. Hs. 147 c 29; Schl. 2 d *Die engel des wir gedingen* = Heid. 149 a 52.

d. Bamberg, geschichtlicher Verein, 2 Bogen = 4 Blätter, vom Lycealprofessor Dr. Rudhart entdeckt und 1835 dem Vereine geschenkt; mit 3 Gemälden und 648 Verfen. Ich habe eine Abschrift K. Roths benutzt, die mir Prof. Suchier gütigst überlassen hatte. Die Blätter enthalten folgende Stücke der Heidelb. Hs.: 1 = 117 d 43 — 118 c 54; 2 = 123 a 41 — 123 d 52; 3 = 245 d 27 — 246 c 16; 4 = 252 b 35 — 252 d 56.

7. = 1 (Lachmann). Heidelberg, Univerfitätsbibliothek, cod. Palat. Germ. 404 Fol., Handschr. der 3 Theile des Gedichtes, Pgm., 271 Blätter, 2 spaltig zu 56 abgefetzten Verfen, um 1300; im 30jährigen Kriege mit nach Rom in den Vatican entführt, 1816 zurückgegeben. Schöne, ziemlich grosse Schrift;

---

(darunter J 10 Bl., r 1 Bl.) und 13 Türhoimschen (den obigen 12 Blättorn und dem nachher unter nr. 14 besprochenen Passauer Blatte). Vgl. Pfeiffer, Quellenmaterial, in den Denkschr. d. W. Ak. ph. h. Cl. Bd. XVII S. 103.

nach Lachmann (Wolfram⁴ XVII, vgl. XXXV) wechselt die Handschrift 186a Zeile 12; auch 181c 14—29 find nach Lachmann (Notiz in feiner Abschrift) von anderer Hand. Durch abwechselnd rothe und blaue Inizialen, die meist über 3 Zeilen reichen, find Abschnitte bezeichnet. Ab und zu rothgeschriebene Inhaltsangaben, ein-, zwei-, auch dreizeilig, bisweilen reimend. Der Türheimsche Theil beginnt 108 a mit einer folchen rothen Überschrift: *Hie hebt fich an dax dritte buch. vnd hat getihtet vlrich von dvrkein*; er umfasst in der Hs. ungefähr 36400 Verfe. Die Sprache ist Schwäbisch, doch werden vom ersten Schreiber Mitteldeutsche oder Elfässische Formen stark eingemischt. Der zweite Schreiber fetzt häufig *eu* für *iu*, aber nie, foviel ich gefehen, *ei* und *au* (*ou*) für *î* und *û*; er war alfo wohl ein Ostfranke, nicht ein Baier.

Vgl. Wilken, Geschichte der Heidelb. Bücherfammlungen, 1817, S. 1 f., 190 ff., 468 f.; Bähr im Serapeum 1845 Nr. 8 ff. und in d. Heidelb. Jahrbüchern d. Lit. 1872 Nr. 31 ff.; v. d. Hagen u. Büsching, Liter. Grundr. S. 178.

Auf der kön. Bibliothek zu Berlin findet fich unter der Signatur Mscr. Germ. fol. 701 die von Lachmann gefertigte Abschrift von l, im Kataloge fälschlich als *Parzival* aufgeführt, mit berichtigender Bleifedernotiz; Varianten find eingetragen von 1) Kinderlings Bruchstück (Nr. 16), 2) Kasseler Hs. (Nr. 10), 3) Bamberger Bruchst. (Nr. 6), 4) Wolfenbütteler Weltchronik (Nr. 24), 5) Münchener Pg.-Hs. (Nr. 20), 6) Münchener Pap.-Hs. (Nr. 27). — Auch W. Grimm's Auszüge aus diefer Lachmannschen Abschrift find in der k. Bibl. zu Berlin, Mscr. Germ. 4° 925. — Ich verdanke diefe Mittheilungen Herrn G. Leue in Berlin. Beide letztgenannte Mskro. habe ich noch benutzen können. In Lachmanns Abschrift ist die Wolfram⁴ XXXVII erwähnte Abschrift von Nr. 6b und die oben besprochene von Nr. 4b eingeheftet.

8. = m (Lachmann). Wien, kaif. Hofbibliothek Nr. 2670 (Cod. ms. hist. eccl. N. IL), Hs. der 3 Theile, Pg. Fol., geschrieben 1320 in Bairisch-Österreichischer Mundart, 351 Blätter, 2spaltig, die voll beschriebene Spalte zu 44 abgefetzten Verfen; mit vielen Miniaturgemälden von mässigem Werthe. Schrift deutlich, nicht fehr gross; abwechselnd rothe

und blaue Inizialen, über 2—3 Zeilen; auch grössere, reich
verzierte Inizialen kommen vor. Der III. Theil beginnt Bl.
145 c. Zwischen Bl. 195 und 196 ist ein Blatt ausgeschnitten;
es enthielt etwa 148 Verfe (I 147 a 19 — c 55).
Vgl. Hoffmann, Verzeichniss d. Altd. Hss. in Wien
S. 37 ff. — Tabulae codd. mscr. in biblioth. Pal. Vind.
asservatorum II, 113—114. — Pfeiffer, Altd. Übungsbuch
S. IV, S. 42—51 (Abdruck von 879 Verfen). — Lachmann,
Wolfram⁴ XXXV.

9. Minden, Archiv der kön. Regierung, 2 Pgm.-Blätter
(derfelben Hs.?), geschrieben (beide?) 1321; Dr. Karl Droege
fand dort unlängst diefe zwei Bruchstücke auf dem Deckel
eines alten Heberegisters des Klosters Bussdorf in Paderborn
und wird fie demnächst, wahrscheinlich in Zachers Zeitschr.,
veröffentlichen. Mundart (des 1. Bl.) Mitteldeutsch. Bl. 1
beginnt : *Ia her heyzet Malifer So wizzet růnwar her ist der
Der de grozen stangen treit* = 1 230 d 25 ff., und schliesst:
*Kegen dem kůninge von maroch Der kunde machen manich
loch* = 1 231 b 26 f. 'Das 2. kleinere Blatt enthält Schluss
u. Subskr., nach der Hs. 1321 geschrieben.' Bl. 1 hat einige
Lücken.

10. = n (Lachmann). Kassel, Landesbibliothek, Mscr.
poet. & rom. fol. 1, Hs. der 3 Theile, Pgm., geschrieben 1334,
Thüringisch; 394 Blätter, 2spaltig, die voll beschriebene Spalte
zu 40, feltener 39 oder 41 abgefetzten Verfen. Roth und
blau gemalte Inizialen, nach W. Lübke 'Musterstücke', meist
2 Zeilen hoch und mit weit auf- und abwärts reichenden
Arabesken verziert. Im Anfange des I. Theiles Gemälde von
vortrefflicher Ausführung; diefelben find aber bald nur
noch angefangen, nach Bl. 56 find die betr. Plätze die ganze
Hs. hindurch leer geblieben. Im I. Theile war 1 Bogen
verbunden, was Casparfon bei feinem Abdrucke nicht bemerkt
hat; beim Neubinden (1880) ist er an die richtige Stelle
gelegt worden. Im III. Theile, welcher 163 c beginnt, find 14
Blätter ausgeschnitten, und zwar 2 Blätter nach Bl. 213; fie
enthielten 1 141 d 42 — 143 b 9; 4 nach 220 = 1 147 d 54 — 150 c
35; 1 nach 226 = 154 d 25 — 155 b 55; 1 nach 228 = 156
d 23 — 157 c 6; 2 nach 255 = 176 c 22 — 177 d 34; 3 nach

370 = 253 b 42 — 255 b 11; 1 nach 386 = 265 d 14 — 266 b Mitte (1 weicht stärker ab). Ausserdem fehlt Bl. 248b zwischen Vers 9 und 10 nach 1 ein Stück von 178 Verfen (1 170 c 33 — 171 b 43): vermuthlich schlug hier der Schreiber oder Diktirer in feiner Vorlage 2 Blätter statt eines um. Näheres bei Casparfon, Ankündigung eines Deutschen epischen Gedichts, Kassel 1780; vgl. auch A. Duncker, Landgraf Wilhelm IV. von Hessen u. d. Begründ. d. Bibliothek in Kassel, Kassel 1881, S. 25 ff.

11. Die Hof- und Staatsbibliothek in München befitzt unter der Signatur Cgm. 5249, 7a, b, c, d vier kürzlich gefundene Pgm.-Bruchstücke, angeblich aus dem Türheimschen Willehalm. Ich fand bei der Unterfuchung Folgendes.

a. Cgm. 5249, 7 b ist ein 2$^1/_2$ Finger breiter wagerecht abgeschnittener Streifen eines Doppelblattes aus dem Türheimschen Theile; 1. Hälfte des 14. Jhds., Schwäbisch; 2 spaltig zu ursprünglich 40 abgefetzten Verfen; davon find je 6—7, im Ganzen 53 Verfe, vollständig oder fast vollständig erhalten. Bl. 2 (nach jetziger Falzung) gehört dem Inhalte nach vor Bl. 1; zwischen beiden fehlt wohl 1 Doppelblatt, das innerste der Lage. Ich gebe den Standort der Spalten-Anfänge: 1a (6 Verfe) = 1 259 c 32; 1b (6 V.) = 259 d 18; 1c (6 V.) = 260 a 2; 1d (6—7 V.) = 260 a 42; 2a (6—7 V.) = 257 b 51; 2b (7 V.) = 257 c 33; 2c (7 V.) = 257 d 17; 2d (7 V.) = 258 a 1. Wahrscheinlich enthielt die Hs. Gemälde, fo dass die Zahl der Verfe in den verschiedenen Spalten stark verschieden fein konnte.

b. Cgm. 5249, 7 d ist ein Längsstreifen (etwa 22 cm. lang und 3—4 cm. breit) aus Wolframs oder Türheims Willehalm, 14. Jhd.; die Schriftzüge denen des vorigen Bruchstückes fehr ähnlich. Erhalten find auf der einen Seite die Anfänge, auf der anderen die Enden von je 27 Verfen nebst dem zugehörigen Stücke des Unterrandes; der obere Theil ist weggeschnitten. Zweimal kommt der Name Willehalm vor, einmal vielleicht der Schluss des Wortes Rennewart.

c. Cgm. 5249, 7 a ist ein wagerecht in zwei Hälften zerschnittenes Doppelblatt aus Wolframs Willehalm; 13. Jhd., 2spaltig zu 31 abgefetzten Verfen, im Ganzen alfo 248

Verſe. Grüne Inizialen, über 2—3 Zeilen. Zwischen Bl. 1 und 2 fehlt der innerste Bogen der Lage. Bl. 1 enthält Lachmann 144, 4 — 148, 7; Bl. 2 = 156, 14 — 160, 17.

d. Cgm. 5249, 7 c, Bruchstück von Wolframs Willehalm; stark beschädigtes, unvollständig erhaltenes Doppelblatt, das wagerecht in zwei aneinander passende Theile zerschnitten ist; wie a verkehrt gefalzt. 13. Jhd., Schrift ſehr klein, Verſe abgeſetzt, rothe, 2 Zeilen hohe Inizialen. Bl. 1 = 314, 28 — 320, 13; Bl. 2 = 296, 18 — 302, 2.

12. Poſen, im Beſitze des grossherzogl. Badischen Zollinspektors und Stationskontrolörs Freiherrn von Hardenberg, 'ein Pgm.-Streifen $7^1/_2$ cm. breit, 27 cm hoch; schöne Schrift des 14. Jhds., Kapitelanfänge durch kleine rothe und blaue Inizialen bezeichnet, die Anfangsbuchstaben jeder Zeile ſenkrecht roth durchstrichen, auf jeder Seite 40 Zeilen Text zwischen fein gezogenen Linien.' Mundart Schwäbisch. Die Vorderſeite beginnt (nach 2 unvollständig erhaltenen Zeilen): *Vur die barcke er sie stiex* = *1 161d21*), ſie schliesst: *Der soll du dich gesinen* = 1 162a2; die Rückſeite beginnt (nach 2 unvollständig erhaltenen Zeilen): *Daz ich ime die toten sende* = *1 162b28, ſie schliesst: *Din lip sin nil erkande* = *1 162c10. — In Bezug auf Alter, Verszahl der Spalten, Orthographie, Abkürzungen, Mundart zeigt das Bruchstück ſolche Übereinstimmung mit dem unter Nr. 11a beschriebenen, dass die Annahme nahe liegt, beide Bruchstücke ſeien Überreste derſelben Hs.

13. Dresden, Gymnaſium zum heil. Kreuz, 1. Hälfte des 14. Jhds., Pgm., 2 Blätter, 2spaltig, die vollbeschriebene Spalte zu 28 abgeſetzten Verſen, mit leeren Zwischenräumen von 10—11 Zeilen für auszuführende Gemälde. Im Ganzen 193 Verſe; Mitteldeutsch. Herausgegeben von dem Entdecker O. Moltzer in Germania 16, 54 ff. Bl. 2 = 1 239a44 — c33; Bl. 1 = 242b37 — d17.

14. München, Hof- und Staatsbibliothek, ein Pg.-Bl. Fol., das 13. von Cgm. 193e15 (vgl. oben Nr. 6a, Anm.**); 14. Jhd., Bairisch; 2spaltig zu 45 abgeſetzten Verſen. Vollmer

---
\*) \* bezeichnet, dass die Konkordanz, weil berechnet, vielleicht nicht ganz genau ist.

erhielt es 1853 in Passau geschenkt, K. Roth gab es 1854 heraus in feinen 'Beiträgen zur Deut. Sprachgesch. u. Ortsforsch.' Hft. 11, S. 29 ff. Die 180 Verfe des Blattes finden fich in 1 Bl. 152 d 9 — 153 c 18.

15. Nürnberg. Germ. Mufeum Nr. 6328 a, Fol. oder gr. 4°, I. Hälfte des 14. Jhds., Pg.-Doppelblatt, 2 spaltig zu ursprünglich 43 abgefetzten Verfen, von denen unten je 1—4 weggeschnitten find; ausserdem ist vom 1. Blatte das äussere Drittel abgeschnitten, wodurch 1 b die Enden, 1 c die Anfänge der Verfe verloren hat. Der Schreiber ein Baier. Grüne, rothe und blaue Inizialen, über 2 Zeilen. Fortlaufender Text, alfo der innerste Bogen einer Lage. — Der Inhalt steht in 1 140 c 41 — 142 a 47 (48 noch teilweife lesbar). Vgl. Anzeiger f. K. d. D. Vz.. 1857 Sp. 284 f.

16. Berlin, kön. Bibliothek, Mscr. Germ. fol. 923, I. Hälfte des 14. Jhds., 1 Pg.-Blatt, 2 spaltig zu 37 abgefetzten Verfen, von denen je der zweite etwas nach rechts eingerückt ist. Durch Beschneiden find von der 1. Spalte je ein paar Anfangs-, von der 4. je ein paar Endbuchstaben weggefallen. Roth und blaue Inizialen über 2 Zeilen. Die Sprache ist mit Mitteldeutschen Formen verfetzt. Herausgegeben von Kinderling (später war das Blatt in v. d. Hagens Befitze) in Adelungs Magazin f. d. D. Spr. Bd. 11 St. 1 S. 54 ff. Der Abdruck dafelbst ist aber nicht durchweg genau, wie mir eine Abschrift Suchiers zeigt. Der Inhalt findet fich 1 148 b 39 — 149 a 18.

17. Bafel, mittelalterliche Sammlung, 1 Pg.-Blatt des 14. Jhds., 2 spaltig zu 36 abgefetzten Verfen, 'anziehend durch feine ins Niederländische hinüberspielenden Sprachformen'; der innere Rand stark beschnitten; kurz besprochen und zum grösseren Theile (96 Verfe) abgedruckt von W. Wackernagel, Über die mittelalterl. Samml. zu Bafel, Bafel 1857, S. 10, 13—14. Jene 96 Verfe finden fich in 1 234 d 49 — 235 b 32.

18. Dresden, kön. öffentl. Bibliothek, Mscr. Dresd. M. 66 b, Fol., 14. Jhd., Pgm., 6 Blätter, 2 spaltig zu 36 abgefetzten Verfen; roth und blau gemalte Inizialen; von Bl. 3 ist der äussere Rand theilweife weggeschnitten. Das Bruchstück — schwerlich zu derfelben Hs. wie die vorige Nr. ge-

2

hörig — ist 1872 gekauft aus dem Antiquariat von Heerdegen in Nürnberg. Bl. 1 beginnt *Das wil ich erch wizzen lan* = 1 194a 35; Bl. 2 und 3 mit fortlaufendem Text, Anf.: *So sult ir lan uwer herwart refen* = 1 198c 25; Bl. 4 und 5 dsgl., Anf.: *Kyburye er die mere enbot* = 1 203 d 33, Schluss: *Er ift tot ich bin genefen* = 1 205 a 34; Bl. 6 Anf.: *Der felbe die wigande* = 1 208 d 17, Kustos: *Beliben wan* = 1 209 b 50.

19. Ein Bruchstück, dessen gegenwärtiger Aufbewahrungsort mir unbekannt ist[*]): 4 halbzerstörte Pergamentblätter, vom Zuchthausdirektor Harder in Schaffhaufen auf der innern Seite eines Buchdeckels entdeckt, nach A. Rochat, der fie im Anzeiger f. K. d. D. Vorz. 1856 Nr. 1—4 herausgegeben, vom Ende, wie mir scheint, eher aus dem Anfange des 14. Jhds.; 2 spaltig zu ursprünglich wohl 36 abgefetzen Verfen, von denen unten je 5—7 weggeschnitten find; Bl. 2 und 3 find auch fonst noch beschnitten und beschädigt. Schwerlich mit einer der zwei vorigen Nummern zur felben Hs. gehörig. Mundart Schwäbisch. Bl. 3, 1, 2, 4 geben in diefer Folge, abgefehen von den weggeschnittenen Stücken, einen fortlaufenden Text (von dem 360 Verfe vollständig erhalten find); derfelbe steht in 1 174 b 51 — 177 a 6.

20. = f. München, kön. Hof- und Staatsbibliothek, Cgm. 42 (früher 128), 4°, 14. Jhd., unvollständige Pg.-Hs. des III. Theiles, 286 Blätter (nicht 287, wie in Folge der zwischen Bl. *xxx* und Bl. 44 in Verwirrung gerathenen Paginirung angegeben ist); 1 spaltig zu 25—27 abgefetzen Verfen; rothe Inizialen über 2—4 Zeilen; Bairisch; mindestens 3 verschiedene Schreiber: 1) Bl. 1—105 a 6; 2) bis Ende 209 und von 215 bis Ende 222; alles Andere vom 3. Schreiber; das letzte Blatt der Hs. ist Dublette von Bl. '232'. Dem hinteren Deckel inwendig aufgeklebt 1 Pg.-Bl., enthaltend Verpfändung von Malmsbach 1332 (f. Roth, Beiträge III, 48). Der Eingang fehlt der Hs.; fie beginnt mit der eigentlichen Fortfetzung von Wolframs Erzählung: *Do gefchach di fchumpfenterre* =

---

[*]) In Schaffhaufen hat der Bibliothekar der Stadtbibliothek, Herr Prof. Dr. J. J. Mezger die Güte gehabt, dem Bruchstücke nachzuforschen: es ist dort nicht zu finden, auch nicht in der Harderschen Mss.-Sammlung, welche in die Bibliothek des hist.-ant. Vereins zu Schaffhaufen gekommen ist.

1 108 d 3; fie schliesst (Bl. 286 d 25): *Gabt man in vrifcher fpeys genuuch* = 1 182 d 47, alfo noch ein gutes Stück vor Mitte des Gedichtes. Im Innern fehlen noch 3 Lagen (jede Lage besteht aus 4 Doppelblättern), die 21ste (nach Bl. 161) = 1 147 d 15 — 149 d 1 und die 24ste und 25ste (nach Bl. 177) = 1 153 c 24 — 157 d 36. — Vgl. Mone, Anzeiger 1, 224 ff. — Bragur IV 2 S. 192. — W. Grimm im N. Liter. Anzeiger 1807 Nr. 21 Sp. 336. — Adelung, Magazin II 3 S. 24. — Aretins Beiträge VII S. 314; IX 1188 ff. — Roth, Beiträge 11 S. 34, 36. — Roth, Rennew. 121.

21. = 1. Das aus Niederheim stammende Bruchstück, 1 Bogen, und zu derfelben Hs. gehörig, noch 1 Bogen und 1 einzelnes Blatt; 2. Hälfte des 14. Jhds., Pgm., gr. Fol., 2spaltig zu 59 abgefetzten Verfen, deren grosse Anfangsbuchstaben ziemlich stark nach links abgerückt und, wie auch manche Anfangsbuchstaben innerhalb der Zeilen, fenkrecht roth durchstrichen find; rothe Inizialen, über 3 Zeilen; Bairisch. (Zu derfelben Hs. gehört auch ein Blatt des II. Theiles mit 61 Verfen in der Spalte, welches Suchier veröffentlicht hat in Zachers Zeitschr. XIII, 270 ff.)

a. (München??) 1 Bogen. Von Prof. Suchier erhielt ich eine Abschrift K. Roths und eine ältere (Massmanns?) anscheinend nicht fehr zuverlässige, bis Bl. 1 d 21 reichende. Nach Roth deckte der Bogen, der innerste einer Lage, einst ein Buch, dessen Aufschrift lautete 'Beschreibung der Bischöfe zu Salzburg'. Die vier äusseren Ecken find ausgeschnitten und dadurch einige Verfe verstümmelt. Herr von Koch-Sternfeld fand das Bruchstück um 1811 auf dem Schlosse Niederheim bei Salzburg und schenkte es später Massmann, welcher in Mones Anzeiger I 225 darüber berichtete; Roth erhielt es von Franz Pfeiffer 1841. Die 472 Verfe des Bogens finden fich in 1 120 c 23 — 122 c 53.

b. München, Hof- und Staatsbibliothek, Cgm. 5249, 7, e, 1 Bogen, 1842 vom Reichsarchive geschenkt, hat als Aktenumschlag gedient; quer über die 1. Spalte ist von einer Hand des 17. Jhds. von unten nach oben geschrieben 'Gerichtspuech Anno 4. 5. vnd 76', und auf die 2. Spalte 'Nr. 5'; beschädigt, namentlich die 1. Spalte grossentheils unleferlich.

Der Bogen ist der äusserste einer Lage und zwar, wie die unten auf der Rückfeite des 2. Blattes stehende Nummer zeigt, der 17ten; in ihm müssen noch 2 Bogen gelegen haben; hiernach scheint die Hs. die 3 Theile des Gedichtes, den I. wohl in der Fassung der Rezenfion D (Suchier, Quelle Türlins 12) enthalten zu haben. — Bl. 1 Anf.: *Trn [auzz]erhalp dem finne* = I 124 d 23, Schl.: *Die ich er herre wil hie fayen* = I 125 d 35; Bl. 2 Anf.: *So ift mir das wol bechant* = I 130 a 31, Schl.: *Nr wart der fite niht vermiten* = I 131 a 44.

c. München, Hof- und Staatsbibliothek, Cgm. Nr. ?; 1 Blatt, gefunden 1861; 'feit 1583 hatte es ein Steuerregister des Ldg. Plain (zu Staufeneck) decken müssen' (Roth, Beiträge III, 255). 8 Verfe (I 129 c 55 ff.) liess Roth a. a. O. abdrucken. Vgl. noch Roth, Bruchst. a. d. Kaiferchronik S. XXIII.

22. = o (Lachmann). Wolfenbüttel, August. 30. 12. fol., 2. Hälfte des 14. Jhds., Pgm.-Hs. der 3 Theile, 387 Blätter, 2 spaltig zu 42—44 abgefetzten Verfen; jeder 2te, bisweilen auch noch der 3tte Vers etwas nach rechts eingerückt. Gemälde, die aber nur bis gegen Mitte des II. Theiles vorkommen, stehen auf befonderen Blättern; Mundart Bairisch. Theil I bis Bl. 74 a, II von 74 c (das folg. Bl. wieder als Bl. 1 gezählt) bis 110 a zweiter Zählung; am Schlusse diefer Spalte roth geschrieben die 2 Zeilen: *Hie hebt fich an Rennwart Der mit der flang tet grozzen mort;* dann der III. Theil von der 2. Spalte diefes Bl. 110 = dritter Zählung Bl. 1 bis dritter Zählung 204 a. Die Hs. ist i. J. 1664 vom Herzog August dem Jüngeren durch feinen Bücheragenten Donatus Fendt in Nürnberg für 30 Thaler gekauft; fie war vermuthlich ehedem im Befitze Jacob Püterichs von Reichertshaufen (f. Suchier in Germania 17, 177 ff.). — Vgl. Lessings und Eschenburgs (Beiträge) Zur Geschichte und Litteratur V, 77 ff.) (= Eschenburgs Denkmäler Altd. Dichtk., Bremen 1799 S. 63 ff.) — Lachmann, Wolfram' XXXV. — Roth, Rennewart 60. — Schönemann, Merkwürdigkeiten d. Biblioth. zu Wolfenbüttel, Erstes Hundert S. 45.

23. = p (Lachmann). Wien, Ambrafer Sammlung Nr. 75. E. 3, Hs. der 3 Theile, gr. Fol., Pgm., 421 Blätter, 2 spaltig, die vollbeschriebene Spalte zu 37 abgefetzten Verfen; die Hs.

ist i. J. 1387 für Kaifer Wenzel vollendet, angefangen vielleicht schon unter Karl IV. (G. F. Waagen. Die vornehmsten Kunstdenkmäler in Wien, II. Thl., Wien 1867, S 356). Der Schreiber war wohl ein Böhme oder Nordbaier, g ewiss nicht, was Roth, Rennew. 60, für möglich hält, ein Thüringer; grosse, schöne, doch mehrfach stark abgeriebene Schrift, 6 Zoll hohe Inizialen, oft mit Bildern gefüllt, ferner eine Anzahl von Vignetten fowie reiche Verzierungen der Ränder; gegen Ende des II. und befonders im III. Theile zahlreiche werthvolle Gemälde. Der III. Theil beginnt Bl. 161 b 20. Vgl. Büschings Wöchentl. Nachrichten I, 391. — Primisser, Die k. k. Ambrafer Sammlung, Wien 1819, S. 274 f. (Die von P. als Anfang des III. Theiles abgedruckten Verfe stehen weit hinter dem wirklichen Anfange.) — Lachmann, Wolfram' XXXV f. — Roth, Rennew. 60; 107 f. — Die Abschriften aus p habe ich nicht felbst genommen: doch scheinen fie im Ganzen zuverlässig.

24. = x (Lachmann). Wolfenbüttel, August. 1. 5. 2. fol., Ende des 14. Jhds., Pg.-Hs. von Rudolfs von Ems Weltchronik, in welche u. a. auch Auszüge aus den 3 Theilen des Willehalm von Uranfe eingearbeitet find. Diefelben, wenn auch 'vielfach und fehr roh verändert', verdienen immerhin Beachtung, da der Bearbeiter doch eine nicht unerhebliche Anzahl von Verfen feiner Vorlage unangetastet gelassen hat. Vgl. F. A. Ebert, Überlieferungen zur Geschichte ufw. I. Bdes. 2. Stück (Dresden 1826) S. 36 f. — Lachmann, Wolfram' XXXVII. — Schönemann, Merkwürdigkeiten S. 45. — Suchier, Quelle Türlins S. 12.

25. Arolfen, Pg.-Hs. der Weltchronik in gr. Fol., ebenfalls mit Auszügen aus den 3 Theilen des Willehalm, die, wie es scheint, ziemlich in derfelben Weise verarbeitet find wie in x. Die Auszüge aus Türheim scheinen Bl. 298b zu beginnen, mit Willehalms Tode endigt Bl. 327 die Hs. — Vgl. E. Martin, Heldenbuch II S. XLVII, Anm. — Suchier, Quelle 12.

26. = g. Verschollene Hs. der 3 Theile, Fol., 1. Hälfte des 15. Jhds., Papier, 363 Blätter, 2 spaltig zu 38 Verfen; ehedem im Befitze des Regierungsrathes de Groote in Köln,

später Berlin. Um die Wiederauffindung bemühte fich Suchier (Quelle 11) vergeblich; in Köln ist fie nach ihm nicht. Näheres über die Hs. und Abdruck einzelner Stücke aus derfelben gab v. d. Hagen in Büschings Wöchentl. Nachrichten III, 123 ff.; auch Roth, Rennew. 105 ff., 108 ff. Letzterer verdient aber den Vorwurf, den er v. d. Hagen macht, dass dessen Angaben 'nicht fehr genau' feien, in weit höherem Grade felber: Roth nimmt nicht nur beim Nachdrucke der v. d. Hagenschen Proben willkürliche Änderungen vor, er erklärt auch, dass die Grootesche Hs. von der Kasseler abgeschrieben fei, dass in letzterer (und deswegen auch in ersterer) der Anfang des Rennewart ein anderer fei als in 1 m ufw., dass die Klage um die todten Freunde in den Anfang des III. Theiles gehöre und dass diefelbe in den ihm fonst bekannten Hss. fehle — lauter grundfalsche Behauptungen (f. u. Anhang).

27. = h. München, Hof- und Staatsbibliothek, Cgm. 231, Fol., 15. Jhd. (wohl bald nach Mitte), Pap.-Hs. des III. Theiles, 247 Blätter, 2spaltig zu 36—39 abgefetzten Verfen; für zu malende Inizialen find öfters 2 Zeilen etwas nach rechts eingerückt, doch ist die Ausführung nirgends erfolgt. Bl. 2, dann nach Lachmann Bl. 16a, ferner Bl. 19 und Bl. 235 wechselt die Handschrift. Die Schreiber waren Schwaben *). — Vgl. Adelung, Magazin II 3 S. 24. — Docen in Aretins Beiträgen IX, 1188 ff. — Mones Anzeiger I 224 f. — Roth, Beiträge Hft. 11 S. 36. — Roth, Rennew. 1 f., 61, 117 ff., 122 ff.

28. = e. Erlau in Ungarn, erzbischöfliche Bibliothek, Papierhandschrift der 3 Theile, in der gleich zu erwähnenden Abschrift bezeichnet als 'cod. ms. saeculi XV. cui titulus »Wolfram et Ulrici Rythmi et carmina«'. Da mein wiederholtes an die Bibliotheksverwaltung wie an den Herrn Erzbischof Samassa gerichtetes Gefuch ohne Antwort geblieben ist, habe ich auf ausreichende Benutzung der Hs. verzichten

---

*) Häufig erscheint in der Hs. über gewissen Wörtern ein wagerechter, meist lang gezogener und gewundener Strich; derfelbe scheint 1. ein einzufügendes n (auch m?), 2. Verdoppelung eines geschriebenen n oder m zu bedeuten. 3. ein bedeutungslofer Schnörkel zu einem vorkommenden n oder m zu fein. Ich habe ihn unten bei den Varianten meist nur im 1. Falle berückfichtigt.

müssen. Von einigen Stücken derselben, darunter 36 Verſen des III. Theiles, hat Herr Prof. Suchier mir gütigst eine Abschrift überlassen, welche von dem früheren Erzbischofe zu erhalten ihm gelungen war. Erheblichen Werth für die Feststellung des Textes scheint die Hs. nicht zu haben. Vgl. Anzeiger f. K. d. D. Vorz. 1855, 252.

29. = z (Lachmann). Wien, k. k. Hofbibliothek Nr. 3035, Fol., zertrümmerte Pap.-Hs. der 3 Theile aus Ambras, Ende des 15. Jhds., wenn nicht später; 97 Blätter, 2spaltig zu 46—53 Zeilen, die Verſe in der Regel abgeſetzt, nur ſelten ein Vers aus Raummangel auf mehrere Zeilen vertheilt. Rothe, auch blaue Inizialen über 3—4 Zeilen; auch grössere, namentlich am Anfang der Seiten, schwarz und bunt mit an- und eingemalten Figuren. Das häufige au für â zeigt wohl den Schreiber als Alemannen. Der Türheimsche Theil beginnt Bl. 38a, zählt alſo 60 Blätter, auf denen ein gutes Drittel des ganzen Türheimschen Gedichtes erhalten ist, und zwar nach l (* bezeichnet wie oben, dass die Konkordanz, weil berechnet, möglicherweiſe nicht ganz genau ist, ** dasſelbe in etwas höherem Grade) folgende Stücke: * 108 d 31 bis ** 112 c 22; * 114 c 7 bis 118 b 13; ** 142 b 15 bis * 153 c 36; * 154 c 5 bis * 164 b 10; * 165 a 46 bis 176 b 2; ** 255 a 25 bis zum Schlusse des Gedichtes. Vgl. Hoffmann, Verzeichniss d. Altd. Hss. zu Wien S. 41 f. — v. d. Hagen, Grundriss S. 179. — Lachmann, Wolfram' XXXVII. — Roth, Rennew. 60 f. — Suchier, in Germania 17, 178 und Quelle Türlins 10.

30. Schliesslich mag noch erwähnt werden ein proſaischer Auszug aus den 3 Theilen des Willehalm in Zürich, Kantonsschulbibliothek, in der Hs. C. 28 Fol. (Papier, 405 paginirte Blätter); die Hs. ist geschrieben i. J. 1475 von Georg Hochmuot, Kaplan zu Zürich und zu Nördlingen, der wohl auch ſelber der Urheber dieſer Textesgestaltung ist. Näheres gibt Suchier, Quelle 12—13 und in Germania 17, 355 ff.

Von diefen 30 Hss. und Bruchstücken habe ich theils im Originale, theils in Abschriften oder im Abdrucke ausreichend benutzen können die Nummern 7, 6, 27, 21, 20, 10, 8, 23, 22. Meine Unterſuchung hat ergeben, dass dieſe neun

Texte in zwei Gruppen zerfallen, deren erste in drei ziemlich
felbständigen Gestalten (l und v: h; i = Nr. 7 und 6; 27;
21) dem ursprünglichen Texte näher steht als die zweite (f,
n; m, p o = Nr. 20, 10; 8, 23 22). Nur kleinere Stücke
konnte ich benutzen von den Hss. E, x, g, e, z, k = Nr.
5, 24, 26, 28, 29, 2; diefen ihre ungefähre Stellung inner-
halb der Hss.-Familie anzuweifen, foweit es nach dem unzu-
reichenden Materiale möglich war, habe ich in dem Anhange
verfucht.

## 3. Textprobe.

Zur Veranschaulichung des Handschriftenverhältnisses
lasse ich 845 Verle des Heidelberger Textes folgen unter Bei-
fügung der Varianten der übrigen Texte. Für die Auswahl
der Stellen ist maassgebend gewefen die Rückficht auf die
wichtigeren Bruchstücke und auf die unvollständigen oder nur
stückweife benutzbaren Handschriften: die getroffene Wahl
ermöglichte die Heranziehung der wichtigen Bruchstücke v
und l und der Hs. f, fowie eine, wenn auch nicht ganz aus-
reichende Berückfichtigung (f. Anhang) der Texte von E, x,
g, e, z, k. Zur bequemeren Übersicht verfehe ich die Proben
mit durchlaufender Verszählung und moderner Interpunkzion.

Bezüglich der Genauigkeit und Vollständigkeit der von
mir gegebenen Varianten ist hauptfächlich Folgendes zu be-
merken. Bloss lautliche, graphische, mundartliche Varianten
find in der Regel nicht berückfichtigt. Nur bei Eigennamen
find fie stets und in andern Fällen dann angeführt, wenn fie
auffallendere Formen boten oder aus fpeziellem Grunde an
der betr. Stelle erwähnenswerth schienen. Einfache und un-
zweideutige Abkürzungen find meist aufgelöst. Abwerfung
oder Zufatz eines schwachen (stummen oder tonlofen) e ist
nicht berückfichtigt, auch nicht das 'unechte' e, welches l und
andere Hss. öfters zufetzen (z. B. *den libe* = *den lip*). Aus-
gestrichene oder fonstwie getilgte Worte und Buchstaben find
nur in bemerkenswertheren Fällen erwähnt, namentlich wo fie
texteskritische Bedeutung haben könnten. *f* und *s* der Hss.
find unterschiedlos durch *s* wiedergegeben. Grosse Anfangs-
buchstaben habe ich ohne Rückficht auf die Hss. stets bei

Eigennamen und nach Punkten gesetzt; ausserdem in den
Varianten bei Versanfängen. Mehreren Hss. gemeinsame Lesarten sind in der Orthographie der erstangeführten gegeben.

## I.

*l* Bl. 108 a 3 ff.:

1 Herre geist, vater vnd kint,
die driv gar an dir ein sint:
dv bist gedriet doch in ein,
vñ hiezt den sterne daz er
  schel
5 vnd die driv kvnige wiste,
der iegelicher dir wiste.
Der sterne liez sie niht irren:
ein kvnig der brahte die
  mirren,
die zwen wiroch vnd golt:
10 sie waren diner geburt holt.
Die rehten warheit dv wol
  weist:
es waz ein reiner volleist,
dise driv die dir brahten drin:
sus kan diu ein gedriet sin
15 vnd da bi manig tusent valt.

## II.

Gegen Ende der Einleitung, unmittelbar nach der Erwähnung des
'guten Weibes' (f. oben S. 7; Roth,
Rennew. S. 119) heisst es:

*l* 108 c 46 ff.:

Swer e ganz tihte hat gelesen
daz der wise Wolfram da
  sprach,
man nante in wol von
  Eschenbach —
es was süze vnd meisterlich!
20 Vnd von Turheim Vlrich
mit worten mich dar binde
daz ich mich vnderwinde
dar er gestecket hat sin zil:

I. *Verglichen find die Hss.* h o m n e E, *und bis* V. 5 p. —
*l 108 a 1—2 roth:* Hie hobt sich an daz dritte buch. vnd hat
getihtet Vlrich von Dvrkein. 1. Heiligeist (Heiliger geist *e*)
herre vator *o e*, Herr vater geist *m*, Heiliger got herr vator *p*.
2. ainem *h*, aine *o p n* E. 3. dv bist *fehlt o p e*. bedreiett (?)
*e*. vnd doch *o m p n e*. 4. vñ] du *o m p n e*. hiezze (hiw *n*,
hiesse *h*, hiess *e*, hiez *m o*) E *n h e m o*. den sterne] dessn* .*e*.
sternen *n*. er schel] erstbain *e*. 5. vnd] der *o m p n e*.
6. Igleichen den er weiste *o e*, Igleicher der weist *m n*. 8. ein]
Der ain *o m n e*. der *fehlt h o m n e*. brach *h*. die] dir *h*, den *n*,
*fehlt o e*. 11. rechte *o e*. dv wol] du des (dǎs *d. h.* düs *h*)
*m n h*, vns dez *o*, vns *e*. 12. es] Daz *o m n e*. rain *m n*, rechte
*o e*. 13. die dir] dinch *m n*, dinch si *o e*. darin *e*. 14. sus
kan] So chom *o*. godreiter *o*. 15. bi] in *m*. tousent manickvalt *o m*.
II. *Verglichen find* h *m n* E. — 16. o ganz tihte] ditz gedicht *h*, (Swer)z von dem gericht *m*, vordergerichte *n*, sines getihtes E. 17. Wolfrau *h*, Woluerä *n*. 18. Den nante man
van Eschebach *n*. wol *fehlt* h *m* E. 19. Daz ist suezz *m n*.
20. Vnd] Ich *h m n* E. Turhaim *h*, Tvrbaim *m*, Tûrheym *n*,
Tûrheim E. 21. worten] forchten *h* E, vorchte *n*. mich *fehlt*
*m*. dar binde] verbinde *n*. 23. Daz er E. gestercket *h*, ge-

— 26 —

dar vmbe ich ez doch niht
    lazzen wil,
25 es enwerde volletihtet.
Er hat vns dar berihtet,
daz ist gnûgen wol bekant,
    (108 d)
'sus rvmte er Provinzalen
    lant.'

### III.

Rennewart, der eben die Taufe empfangen hat, soll nun auch Ritter werden. Nach Landesbrauch hat er dabei zuvor feine Kraft an der Quintane zu erproben. Willehalm schenkt ihm dazu ein kostbares Ross.

*l* 120 a 11 ff.:

Den alle zageheit ie floch
30 dar ein orse man ime zoch,
daz waz genant Margrite.

Der markys in dem strite
an eime kvnig er es gewan,
der selbe kvnig ime kvme
    entran,
35 er waz genant Grovere.
Wie dem selben orse were
daz waz genant Margrite?
Da waz ime ietweder site
rehte als ein harm blanch.
40 Daz orse wol lief vnd
    spranch.
die brust waz ime aphel gra,
die varwe niender danne da:
ein bein wiz, daz ander val
von den bûgen hin zv tal,
45 daz dritte rot alsam ein
    blût
(daz orse waz betalle gût),
daz vierde swarz alsam ein
    kol.

---

stikket *n*.   24. dar vmbe] Da von *m n*.   ez *fehlt E*.   ez doch *fehlt m n*.   25. es] E sie *E*.   en- *fehlt E m*. wolle tichtet *h*, vollentichtit *n*.   26. vns dar] vnz dar *E*, vns vntz her *m*, vns biz her *n*.   27. gnûgen] genvegō (gnug *n*) leuten *m n*. 28. er *fehlt E*. Prōuenzale *h*, Proventzalen *m*, Proulcialē *n*, Prouenzalou *E*.
    III. *Verglichen find* h o m p f n *(f ausser V. 29), ferner 127 Verfe (V. 29—153) ron k, die in x erhaltenen vergleichbaren Verfe (etwa 70 in diefem Abschnitte), nämlich V. 75—78, 89—102, 133—135, 138—145, 157, 158—164, 242—271, 284—285), 417 Verfe (V. 140—504 und V. 620—671) ron i, endlich 73 Verfe (V. 505—577) ron v.* — 29. elln zaggnheit *(das zweite g korr. aus e) h*.   30. Ein őrsse man im dar zoch o m p f n. rofs *h k*.   31. Daz selbe was *f*. Margrit *m*.   33. an *fehlt f*. er *fchlt* h o n k. es] an *f*.   34. chavm im *f*. 35 - 38 *fehlen* o p.   35. Grouere *h*, Grawer *m*, der Grawere *f*, Grawero *n*, Gyonere *k*.   37. Iz was *n*. Margrit *m*.   38. Da] Das *h k*. Da waz ime] Im was *m f n*. imo *fehlt k*. ietweder] ey weider *k*, iklich *n*, zv̊ ietwederre *f*.   39. rehte] Daz orsse waz o p. hermelin *k*.   40. Vil wol lief ez vnde spranch o p. lief wol *f*.   41. di was *m n*.   42. niender] nirgen *n*, niender in *h*, nyrgin ney *k*, waz nindert *o*. danne] wan *h f*.   43. waz weis o p.   45. Daz aus dar *korr. n*. waz rot o p. alsam] als *h k*, reht sam *m*, reht als *f*.   46. Daz ors daz was *n*. mit all *m f*, mit betalle *h*, envollen o p, zu maele *k*.   47. vierde pain

Ime stůnden gar die guffe
wol,
gevar reht als ein lebart:
50 nie kein ros der varwe wart.
Der hals als die guffe var,
daz houbte waz gestellet gar
nach einer grozzen mulin.
'Rennewart, daz orse ist din,
55 daz solt dv, herre, riten,
in eime halsberge striten
den ich dir iezvnt zeige:
den worhte ein wiser leige,
Antiquites waz er genant.
60 Es geworhte nie kein man-
nes hant
dekeinen also gůten me:
dv solt besehen wie er dir
ste.'
Da mit bot man in dar:

sehs man verbaren gar
65 daz sie intrůgen von der stat.
Rennewart dar naher trat:
er hůb in vf mit einer hant
vnd slouf in daz ysen gewant:
daz stunt ime eben vnd wol,
70 als es eime ritter sol.
Man sach da nieman so
langen,
es were ime nach gegangen
mer danne ein ellen.
Der hertze trůg groz ellen
75 dem trůg man einen helme
dar, (120b)
der waz lieht vnd brvne
gevar.
Daz man da heizet ein nase
bant
da lag ime ein iechant:

---

swartz *o p.* als *h o p k*, reht als *f.* 48. Nů stůndon *h.* stĭnd(e)
*f m.* huffe *k.* 49. Geruar *h.* reht als] alsam *o p.* 50. Niemer
chain *o p.* kein fehlt *k.* orss *o m p f n.* varwin *k.* 51. hals
fehlt *h k.* hals was als *o p*, hals reht als *f*, hals also *n.* gevar
*o m p.* 53. einem *o p f.* groser *h.* 54. Rennwart *o*, Renn-
bart *m*, Rennuart *k.* daz orsse daz ist *o.* 56. am Rande nach-
getragen *f.* Ein ninem *f.* 57. iezvnt] nu *k*, iezvnd hie *f.*
58. weison *o.* 60. Ln geworchte *n p k*, Ez enworhte *f.* kein
fehlt *k*, kains *h.* mannes fehlt *o m p.* 61. dekeinen also] E eyn
as *k.* Dehainem ... guetem *o.* gůt *h k.* me] nie (?) *p.*
62. er] it *k.* 63—64 fehlen *o p.* 63. irboit *k.* man in]
man ime *n k*, man im in *f*, iman im den *m.* 64. Sech *h.* daz
gar *n.* 65. Daz in die *f n.* sie fehlt *m.* in] it *k.* von] vor
*h.* Den balsperch trueg man im (fehlt *p*) an di sta (stat *p*) *o p.*
66. Rennwart *h o*, Rennbart *m*, Rennuart *k.* dar] das zů
*h.* strat (fo!) *o.* 67—68 weggeschnitten in *k.* 68. yserin
*n.* 69. vnd fehlt *h.* 70. es eime ritter] iz ein ritter tragen
*m*, einem ritter von rehte *f.* 71. da fehlt *n.* 72. Er *o.*
Iz inwere *n.* weren im *h.* im wol nach *f.* nachen *o.* 73. Vil
mere *o p.* ein mezze ellen *f.* 74. fehlt *m.* Der] Das *h*, Dez
*o p f n k.* hertz ie trucg *o p.* trůg groz] daz trych manik *f.*
75. Man trug einen helm ouch dar *n.* dem trůg man] Do trueg
man ouch *o*, Man trueg ouch *m p f x.* ein *m.* helmen *f.*
76. far *h k.* 77. da fehlt *o m p x.* 78. Dar inne lag ein
*o p f.* ime] inne *h m x k.* jochant *h o p x*, ioggant *k*, jachant

desschin hete so grozze maht
80 daz nie so vinster wart die naht,
der stein der gebe liehtes vil.
Den helme ich baz prufen wil,
als ich wol zŭ rehte mag.
In einer grozzen listen lag
85 harte vil edeler steine,
die waren groz vnde cleine.
Der helme waz starke vnd herte,
in strite ein gůte geverte.
Do sprach er 'waz sol ditze?
90 vil harte ich mir es entsitze:
es irret mich der gesihte,
swo ich nach prise vihte.
Willehelme, ich wil es niht fůren:
den mit helmes snůren

95 vil selden ich gestricket han.
Swaz ich strites habe getan,
ane helme daz gar geschach.'
Willehelme vil sŭzze sprach
'die ritterschaft dv erest mide:
100 wie stunde daz ein ritter stride
ane helme vnde ane schilt?'
'Willehelm, ich tun waz dv wilt:
waz dv mich gutes lerest,
dinen pris dv da mit merest.'
105 'Da solt dv niht erwinden,
den helm vf houbet binden:
versůche ob er dir rehte si.
Der helm vnd daz orse hie bi
des kŭniges Grotieres waren,
110 der vil bi sinen iaren

---

*m f n*. 80. 79 *o*. 79. des] Dein *h*. het also *p*. 80. was *h o f n k*. 81. Der selbe stayn *f*. Das zweite der *fehlt h o m p f k*. ingene *h*. gæb dannoch liechtes *o p*. liehte *f*. 82. Swer (Wer *p*) den helm prueven wil *o p*. ich baz] noch ieb *m*, ich baß nach (noch *n*) *h n*, ich nâch baz *f k*. prunō *n*, prison *f k*. 83—86 *fehlen o p*. 83. wol zŭ rehte] zu regte prisin *k*. 84. groser liste *k*. chisteu *m f n*. 85. gosteyne *f*. 87. Der helme] Dein helm *h*, Einer *f*. starke] liecht *o p*, groz *n*. 88. ein vil gŭt *f*. Zwischen 88 und 89: Er was für stritt ain gůt gewant Do yn der kůne auffgebant *h k*. 89. Er sprach *o m p f n*. Rennwart sprach *x*. war zu *o*. schol sein *f*. 90. mir es] mich dez *x*, mich *o m p n k*, mich uv *f*. 91. Er *h*. der] an der *f*, an *x*. geschicht *m*. 92. Wo *o p k*. ich bin nach *f*. 93. Wilhelm *p n*, Wilhalm *h o m f x k*. es] dez *f*, sein *x*. 94. Mit disen helm (helmes *m*) sn. *o m p f n x*. 95. geschritet *k*, gestridin *k*, gevochten *o m p f n x*. 96. Waz *o p k*. ich ie streites *o*. 98. Willehelm *n*, Wilhelm *p*, Wilhalm *h o m f x k*. 99. erest] er *x*. da mite *o p x k*. 102. Wilhelm *p*, Wilhalm *h o m f x k*. swaz *f n*. 103—104 *fehlen o p*. 103. Swaz *m n*, Vnd swaz *f*. 104. da mit du erest *h k*. 105. Dan *m*. ensoholt *f*. Du salt nicht *n*. 106. auff das h. *h k*, vf din h. *f*. 107. ob her gerecht *n*. 108. hie] da *o p f*. 109—112 *fehlen o p*. 109. Krotiers (*oder* Krociers ??) *h*, Grocieres *f*, Kroziers *k*, Croneris *n*, Croner *m (vgl. V. 35 und Wolfram, Willeh. 356, 4; 359, 4; 411, 26; 412, 23)*. 110. vil damit

dar vnder prises hat beiaget.
Sin herze ist vnuerzaget:
in dem strite ich daz kos,
do er helme vnd orse verlos.
115 Einen slag sin hant mir slûg,
es were zv̂ dem tode genûg:
sin pris der ist vnbe-
scholden.
Der slag wart ime vergolden.
Daz ich orse vnde helme
ime nam,
120 von miner selde daz be-
quam.
Er waz stark vnde harte
groz:
des vil cleine ich genoz
in dem vil herten stride.
Daz spâre an dez satels wide
125 daz er wielt vil grozzer kraft.

Ime iach alle die ritterschaft
daz sin ellent hete pris.'
'Willehelme, sûzzer markys,
vnpris der kan dich fliehen.
130 Heize mir daz orse her
ziehen:
ich leiste gerne waz dv wilt.
(120 c 2)
Sol ich iezvnt nemen den
schilt
oder so ich vf gesitze?
Ich enerkenne daz noch
ditze,
135 wan ein daz: swo man
vehten sol,
da behabe ich min stat vil
wol:
dicke hast dv daz gesehen.'
(120 c 8).

pei *f.* 111. Drundin prijs *k.* prises hat] vil preises hat *m n* hat manigen pris *f.* 112. ist] das ist *h m n k*, was gar *f.* 113. Ich in einem streit erkos *o p.* ich an im kos *f.* 114. do er] Das er *h*, Daz der kunich *o p.* oras vnd helm *o p f.* ros *k.* 115 — 116 *abgeschnitten in k.* 115 — 137 *(und der in l folgende Vers, im Ganzen l 120 b 41 — c 9) fehlen f.* 116. es] Sein *m.* 117. der *fehlt o m p n.* ist weibes kolten *o.* 118. der ward *m.* 119. Da ich *h.* daz orss *o.* 120. selden *h*, snelheit *n*, szulden *k.* quam *k.* 121. Er] *ursprünglich Es, dann s senkrecht durchstrichen und unterpunktirt und r darorgeschrieben l*; Es *h.* vnd gar gros *o.* harte *fehlt m k.* 122. ich vil chlaine *o m p n.* 123. dem herten *o m p*, deme grozen *n.*
124. Man spurte den helm (hell *p*) vil weite *o p*, Man spuert (sporte *n*) den satel weit *m n.* Da *h.* spuirt *k.* an das salden *h.* 125 — 126 *fehlen o p.* 125. wielt] wolt *h*, hat *k.* grozz *m k.* 126. sprug *k.* 127. had *k*, heten *o p*, hôrte *h.* 128. Wilhelme *p*, Wilhelm *n*, Wilhalm *h*, Wilhalm *o m k.* 129. der *fehlt k.* 130. ros *k.* her *fehlt h.* *Nach 130: l 120 c 1:* Hie wart Rennewart zv̂ ritter *r o t h.* 131. leystin *k.* swaz *m n.* 132. ich nemen e den *o p*, ich neyman nu den *k.* 133. Sol ich nv auf sitze *x.* Of as ich *k.*
134. Ich erkenne *h n x*, Wan ich erchenne *o m p*, Ich in weis *k.* daz] weder iens *x.* 135. ein daz] ains *h o m p n x*, ein *k.* swo] wo *o p*, du *x k*, wan *h.* 136. behald *n k*, hab *o m p.* vil *fehlt h.* 137. Has du it dat gesein *k*, Behabt daz hastu oft gesehen *o*, Ofto das hastu ges. *p.* Offt *h m p.* daz] da *m.*

Auf W.'s Aufforderung fitzt R. zunächst auf. Solche Last aber hatte das Ross noch nie getragen:
von der swere es sich lie (120 c 21)
vf die hebsen vaste nider.
140 Schiere es erholt sich wider,
daz es wider vf quam.
Den schilt er do ze halse nam.
Man bot ime dar ein starkes sper,
daz trůgen kvme viere her:
145 daz schutte er als ein swankel ris.
Willehelm, der sůze markys, sprach 'nv tu dez landes reht:
dv solt niht sin ein kneht.'
Mit dem zoume er bancte,
150 daz orse vil sere er sprancte,
mit den sporn er ez rûrte.
Daz sper daz er da fûrte,
da mide die tyost er zilte,
daz er durh stach die schilte
155 vnde der halsberge vach.
Sin tyost die quitete zebrach:
dem orse brach der rucke enzwei. (120 c 40)

Unter lautom Beifalle steigt R. ab. Es folgt die Erzählung von der Ankunft Baldewîns, der früher, von R. befiegt, die Taufe gelobt hatte.

Nv kom sine nefe Baldewin (120 c 52)
mit eime harte grozen her:
160 daz brahte er her vber mer.
Er leiste vil gar dez er swůr,
do er von Rennewarte fûr.

---

beschen n. 138. swerde n. 139. buffe *o m p f n x*. vaster h. 140. es *fehlt h*, es aus er *korrigirt i*. erbol(e)t(e) ez *o m p f i n x k*. 141. es] or *m i*, ez do *f*. 142. do *fehlt x*. 143. bot] trůg i. dar *fehlt h*. sturk *k*, scharpbez *f*. 144. chanm vir getruegen *o p*. her] der n. 145. zuckte *h k*, swanch *f*. swankel] claincz *f*, smal *k*. 146. Wilhelm *p*, Willebalm s, Willehalme *f*, Wilbulme *i*, Wilbalm *h o m k*. sůze *fehlt o m p f i n*. 147. nv *fehlt m*. nun tun *h*. 148. insalt *k*. niht] nit lenger *h o m p f i n k*. sin ein] wesen *o p*. 149. er] er im *m*, er nu *f*. 150. Des *h*. vil *fehlt o m p f i n*. sere er spr.] sore ersprante *h*, er sere sprangte *o m p*, her (er da *f*) sere irsprankte *n f*. 151. dem sporen *h*. ez] dat *k*, ez vaste *f*. 152. Daz grozze sper *f*. 153. die kunst *h*. er der tyoste *f*. or] es *i*. 154. stach durch *m*. die] ienes *f*. 155. Und all der *i*. under des halspergers *f*. lnsperge *n*. 156. kunst *h*. die] der *f*. quitane *h*, quitáne *i*, qnitanie *o m p f n*. prach *o m p f i n*. 157. (Daz dem ůrsch der růgk prast *x*.) brast *o m f (x)*. 158. Baldwein *x*. Paldwein *o m i*. 159. barte] barten *f*, gar o, *fehlt x*. grozzem *m i*. (hir *f*.) 160. ber] im *x*. mit im *o m p f i n*. 161. gar vil *h*. vil *fehlt o m p f i n x*. dez] daz *m n*, waz *o p x*. er] er do *i*, her im *n*. geswůr (geswer *o*) *p x o*. 162. Rennewarten *p f*, Rennwarton *o i x*, Ronnbarten *m*.

Zweinzig tusent mit ime
    quamen, (120 d)
die den touf alle namen.
165 Sin mag, der stoltze Ren-
    newart,
der freute sere sich der vart,
do ime quam daz gûte mere
daz Baldewine komen were.
Er enpfieng in lieplich vnd
    wol,
170 als ein lieb frunt den an-
    dern sol.
Willehelme vf sine trûwe
    iach,
do er Baldewinen sach,
er gesehe nie so schonen
    man,
'als ich lûte erkennen kan.'

175 Der volge sie alle iahen
die sin schone sahen.
Er sprach 'lieber Renne-
    wart,
ich han geleistet min vart:
an wene sol ich dez toufes
    gern,
180 wer sol mich des rehten
    wern?'
Rennewart vil sûzze sprach
'daz mir die selde niht ge-
    schach
got ich daz vil tiure clage,
daz ich gestern an dem tage
185 erst den reinen touf enpfie,
daz dv da·niht werde hie,
so weren entsampte getou-
    fet wir.

---

163. mit in *o*. 164. alle den touffe *o p x*. alle] mit im *x*.
165. Sich mag *m n*, Sich mac wol *f*, Sich mochte *o p*. Renn-
wart *o i*, Rennbart *m*. 166. Wol frenen (Vrewen wol *o p n*)
gen difer (dir *m*) vart (valt *[der obere Theil des l wegradirt]* *o*,
fehlt *p*) *f o m p n*. sich ser *h*. 167—168: Als Paldwein chomen
waere Da er vernam das maere *i*. 167. do] Daz *h*. daz]
dicz *f*. 168. Baldewin *h p n*, Paldwein *o m*. war *f*.
169. lieplichū *h*. vnd] schone *f*. 170. Als frevnt frevnt enp-
faben sol *i*. ein lieb] eyn liber *n*, lieboin (liebern? liebem?
*ich kann nicht bestimmt erkennen, welches von den dreien der Schreiber
meinte)* *h*, lieber *o m p f*. 171. Wilhelm *p n*, Wilhalm *h o m f*.
Der margrave pei trewen *i*. tach *p*. 172. Paldweinen
*o m i*, Baldewin *h*. an sach *m f*. 173. Ern *p n*. ge-
schœch *o*. nie schöner *h*. 174. lute geschen han *f*. 175. sie]
im *f*, *fehlt m p*. 176. schoende *n*, schöne da *o*. ersahen *m*
*p i*, an sahen *f*. 177. Rennwart *o i*, Rennbart *m*. 178. han
*fehlt h*. 179. An wem *f*. der touffe *o p*, den tovf *m*.
180. des rehten] des rehte *n*, des zerechte *h i*, zv reht des *f*,
des *m*, der hie *o p*. gewern *m o p*. 182. 181. *h m f n*.
181. Rennwart *o i*, Rennbart *m*. suzzlich iach *f*. 183—184
*fehlen i*. 183. ich tevre daz wil clagen *f*, ich wil daz ture
clage *(ursprünglich* clugen, *dann das* n *ausradirt)* *n*. 184. den
*p*. tagen *f*. 185. erst] Alrerst (Alrest *m*) *o m p*, Do ich *i*.
186. du nit da *h*. wære *o m p f i n*, werest *h*. 187—191:
Wiltu nu werden der helle vri *(später am Rande neben V. 186,
von anderer Hand, wie es scheint, nachgetragen)* *n*. 187—188:

Den reinen touf sol hie dir
von Tolus der bischof
geben.
190 Wollent sie alle cristen-
lichez leben
enpfahen die sint mit dir
hie?'
Er sprach 'ia'. Rennewart
do gie
einen weg mit Baldewine.
Do giench in liehtem schine
195 zwen man stark vnd schone
edel kŷne vnd vil vnhóne
do sie den bischof funden.
Mit sűzen reden mvnden
begvnden sie an den bi-
schof gern

200 vnd sprachen 'ir sult vns
gewern,
lieber herre. des wir biden.'
'Ich han groze not erliden
von vil kvmmerlichem pin'
sprach der kvnig Baldewin:
205 'vf des breiten meres wage
liez ich den libe in wage
durh got der mir hat ge-
geben
beide sele vnd daz leben.'
Der bischof sprach 'wez
ir gert
210 dez sult ir alles sin gewert
Sprechet, waz ist ůwer
gebot?'
'Herre, da han ich vnd got

---

So wær getauffet paide wir Mit einander den taŷf scholt dir *f*.
187. sampt *h i*, alsamt *m p*, alsam *o*. 188. Der rain touffe
*o m p*. hie] ouch *o p*, *fehlt m*. 189. Van (Tolus der) byscholf
g(eben) — *das Eingeklammerte abgerieben* — *i nach Roths Ab-
schrift*, Van ...... (dem) byscholf geschehen *i nach der anderen,
weniger zuverlässigen Abschrift*. Tolus *h*, Tholus *o p f*, Tolhus *m*.
dem pischolf werden gegeben *o p*. 190. Wellents alle *i*,
Wellent all *m*, Went alle *h*, Wellent (wollen *p*) die alle *o p*,
Woltens alle *f*. cristenlichens *h*, christenlich *o p f*. leben *i nach
Roth'* leben *i nach der anderen Abschrift*. 191. mit dir sint
*o m p f*. 192—193. ... ia gerne (gern ia *m*) do gie Er hin
(nv bin *f*) mit ... *o m p f n*. 192. Rennwart *i*. 193. Den
weg *h*, Ein wenich *i*. Baldewinne *h*, Paldweine *i*, Paldwein *m*,
Baldewinen *p*, Paldweinen *o*. 194. giengen *o m p f n*. im liechten
*h*. liechten scheinen *o p*. 195—196 *stark abgerieben in i*.
195. Zwene starke vnd vil schöne *f*. Die zvene man *n*. sturch
man *i*. vnd] vil *i*. 196. vil *fehlt o p*. vnd wol gethane *h*,
vnd wol (*scheint vil zu heissen' bemerkt aber Roth selbst am Rande
feiner Abschrift*) thone (v̄hone ?) *i*, vnd niht mit hone *f*.
197. pischolf paide fvnden *f*. 198. sűzze *i*. suezzer rod
an den stunden *o m p f n*. 199. sie] *nachgetragen in n, fehlt m*.
dem *f*. 200. vns] vnd *h*. 201. swes *f*. wir euch piten *o p*.
203. Vnd vil kumberleichen (-liche *p*) *o m p f n*, Von winden
kumerlichen *h i*. 204. Paldwein *o m i*. 205—206 *fehlen
o p*. 205. braites *h*. 206. leib enwage *h i*. 207. hat]
du hat *i*. 208. daz *fehlt o m p n*. 209. Do sprach der
pischolf *o p*. sprach da *f*. swes *m f*, was *h*. 212. vnd] durch

Gekouft sampt einen kouf:
ich wil nemen den reinen
touf
215 vnd dar zv̊ gar die minp,
zwenzig tusent Sarrazine;
die wollent sich alle toufen
lan
vnd von dem vngelouben
stan.' (120 d 56)

Der Bischof hocherfreut entbietet
eiligst alle Priester der Umgegend;
diofolben beginnen die Heiden zu
taufen:

Dem tiufel waz leit daz
rouben (121 a 14)
220 vnd daz sie wurden von
ime benomen.
Nv waz daz her betalle
komen

Baldewinen den kvnig
schowen.
Kyburge mit maniger vro-
wen
kom an der selben stunde
225 zv̊ dem kvnig von Valfvnde.
Den grv̊zete sie sv̊ze
mit so gezv̊ztem grv̊ze
daz mage magen nimmer baz
gegrv̊zet: nit vnd haz
230 mv̊sten da vil fremde sin.
Kyburge, die sv̊ze mar-
grevin,
vil vz sv̊zem mv̊nde sprach
'lieber liebe mir nie ge-
schach
denne mir ist nv geschehen.
235 Von der warheit ich wil
iehen,

---

o m p f n. 213. sampt] samp i, fehlt o m p f n. einen] einen
worden o m p f n. 213—214. touf: chouf m. 214. reinen]
werden m. 215. Paid ich vnd all di meine o p. gar] alle i,
fehlt n. 215—216. meinen: Sarrazeinen i. 216. Sarrazin
m, Saratzine h, Sarraczine p, Sarrazzine f, Sarrazzeine o, Sarrncine
n. 218. gan i. 220. vnd fehlt o m p f i n. von fehlt o p i.
genomen m f i. 221. (hir f.) betalle] mit betalle h, alles o p,
mit all m f i. 222. Paldweinen i, Baldewin h. B. den k.]
Kunick Paldweinen (Paldwein m, Baldewinen p, Baldewine f)
o m p f, Di Paldewinen wolden (auf Rafur, auch wohl von anderer
Hand) n. künich durch schawen i. 223. Kyburg h n, Kiburch
o, Chybürch m, Kyburc p, Kybvrch f, Kyburch i. manigen
m p n. 224. stünden h. den selben stunden n. 225. Fal-
funde o p f i (in i F abgerieben, daher undeutlich), Falfund m,
Falfunden h, Valfunden n. 226—227. Mit minnecbleichem
gruezzo Grnezzt si in schon vnd suezzc o, fehlen p. 226. grüzten
i. sie] sie so h f i n, da so m. svzzen: grüzzen f. 227. ge-
zůstem i, gesůssem h, suezzem m. 228. mage magen] magt
mangen h, frevndin frevnd i, man von frowen nie m f n, ein
man nie von vrowen o p. 229. Wart gegrueczet (Gegr. ward
m f) ane has o m p f n. Begruste h. 230. Des mvest er gar
(harte p) vrœlich sein o p, Da mvestes vil vroleich sin m, Do
mv̊sten vil frowen sin f, Da muste gar vil vröden sin n.
231. Kyburg h n, Kyburch o i, Kybvrch f, Chybůrch m, Kiburc
p. sůze] reine p. 232—235 fehlen o p. 232. Auß vil
h m f i n. 234. nu ist h m i. 235. wil ich h f i n, wil ich

mich hat von herzeleide
gescheiden daz ir beide
sit nv vs der gotes hende.
Baldewin, din dinch vol-
ende:
240 gein dem toufe balde gahe,
die cristenheit enpfahe.'
(121 a 38)
R. ist bereit, das Taufwasser ist
gesegnet.
War zv̊ sol ich es langer
lengen? (121 a 49)
Der byschof begvnde men-
gen
den touf vnd Baldewinen.
245 Daz tet man gar den sinen.
Baldewin den touf enpfie,

wie da gewurben dise vnd die
daz wil ich sagen als ich
ez weiz.
Sich hůb da manig pvneiz
250 von eime grozzen burde:
(121 b)
ich wene ie buhurt wurde
grozzer dann dirre waz.
Gar des prises ein adamaz
Heymeriche der vil grise
255 fůr vil gar in der wise
als er ein kint gar wer,
daz mahten die mer
daz waz so wolůgen
den alten vnde den ivngen.
260 Do der buhurt gar zergie,
do wurben sie, ich sage wie:

---

des *m. Nach 235 hat l zwei Zeilen roth:* (121 a 31:) Hie touffet
man kvnige (32:) Baldewin von Valfunde. 236. Sprach mich
o p. herze-] herzen *h m f i, fehlt o p.* 237—241. *Je der erste
Buchstabe der Zeile abgeschnitten in i.* 237. ir] ich euch *f.*
238. Sit nv din tote hende *f.* Nu seit *o p i.* vs der] der *h*, des
*n*, in *o m p i.* 239. Paldwein *o m* (i), Balwin *p* (?). volende]
verende *h*, wende *f n*, daz wende *o p*, ond *m.* 240. dem] dein
*v.* balde *fehlt o m p f n.* (iahe *h f*.) 242. War zv̊] Wa *h*,
Zwev *m f*, War vmbe *i*, Niman *n.* sold *o p i.* ich] man *f, fehlt
h n.* langer *fehlt o p i x.* (243. memgen *f.*) 244. vnd] van
*n*, mit *o p x.* Baldewinnen *h*, Paldweinen *o m i*, Baldwein *x.*
245. Daz] Sam *o*, Also *m p f n x.* den] di *n.* seinem *o*, sein
*x.* 246. Do Baldewin (Paldwein *o m i*, Baldewein *x*) *h o m p
f i n x.* den] di *m.* (247. disc] diz *x.*) 249. 248. *x.*
248. ez *fehlt o m p x.* 249. do vil manich *m.* mancher p.
250—251 *fehlen o p x.* 251. nie *m f.* 252. Grozzer vil
dann *o p.* 253. Des preises gar *i.* ein *fehlt o m p f n x.*
254. Hainrich *h.* Waz Hainreich (Haimreich *m*, Heimrich *p*,
Heymrich *f*, Heimerich *n*) *o m p f i n x.* der] do der *f.* vil *fehlt
o m p f i n x.* wise *n.* 255. *fehlt n.* fůr] Der für *i, fehlt
o m p f x.* vil gur] vil *h, fehlt i.* in] nu in *f.* der] sölber *i.*
256. Reht als ein kint er noch were *f.* kint] kunick *o m p x.*
gar] noch *i, fehlt h o m p n x.* 257. Das Machameten die mere
Für kemen vnd würden gesait Das der hailigen cristenhait *h.*
machent *x.* die] disc *o p*, allez disc *f.* 258. Daz im (in *m f n*)
waz *o m p f n x.* so *fehlt o p.* wol gelungen *h o m p f i n x.*
259. Dem *o p.* dem iungen *o.* 260. Als der *i.* 261. do

sie fůren vnd enbizzen.
Wollet ir nv gerne wizzen
wie sie dar nach getaten,
265 da sie wol enbizzen haten?
Zů Rennewart sprach der
markys
'nv sul wir erst den pris
mit lobes stete vesten:
wir suln den werden gesten
270 geben gůtes also vil
daz ir keiner es mer wil'.
Rennewart der volge iach.
Der sůzze suzeclichen
sprach
'daz ist bezzer denne gůt:
275 swer wol mit sime gůte tůt,
daz ist wol gepriset můt,
vor schanden seht vil wol
behůt.

So sol man prises hůten,
mit sie über gůten,
280 daz die fremden vnd die
kvnden,
die siechen vnd die ge-
svnden
wol ergetzet sint ir schaden
vnd von kvmmer gar ent-
laden.
Iegelicher des goldes neme
285 biz ez in niht me gezeme.'
(121 b 36)

Die Ritter werden zu Hofe geladen; R. stellt ihnen das Beutegut ganz zur Verfügung. Ein weifer Ritter aber meint, es fei besser, dass R. und W. nach ihrem Ermessen das Gut vertheilen. Denn:
'Hie geschehe leiht ein vn-
fůg, (121 c 6)

---

w. s.] Si wurhen *x*. ich] sich *i*. sage] sage eůch (ev *f i x*) *h o p f n i x*, waiz wol *m*. 263. 262. *f*. 262. vnd] do sie wol *f*. 263. nv] cz nu *f*, daz *o*, fehlt *p x*. 264. Was sie *h o m p f i n x*. sie] sie nv *f i*. ge- fehlt *o m p f i n x*. 265. da] Die *h*, Als *i*. wol] gar *f*, fehlt *o p i x*. 266. Zů fehlt *i*. Rennewarte *h n*, Rennwarten *o*, Rennbarten *m*, Rennewarten *p*, Rennwart *i x*. der scheint abgerieben in *i*. 267. mir alrorat *i*. erste hio den *f*, erst disen *x*. 268. lones *f*. tete (tate *i*) *h m f i*. 270. des gůtes *f*. 271. Waz (Swnz *m f x*, Swaz is *n*) ir debainer nemen wil *o m p f n x*. es fehlt *h i*. mer] meiner *i*. 272. Rennwart *o i*, Rennbart *m*. 273. suzikliche *n*. 274—277 fehlen *o p*. 274. zweite Hälfte auf Rafur *n*. 275. am Rande rechts nachgetragen *n*. Wer *h*. simo] disem *m f n*. 276. Dem ist (schol *f*) gepriset so (sin *f*, fehlt *m*) der mut *n f m*. gepreissen *h*. 277. Vnd hat im vor schanden sich behůt (im unterpunktet, alfo getilgt) *i*. seht vil wol] doch vil wol (wol am Rande nachgetragen) *f*, ouch wl *n*, ouch *m*. 278. Sust (Sůst *i*) *p i*. 279. mit sie] Mit gutto sie *h*, Mit gůt sich *i*, Mit gute so *n*, Mit gůte also *f*, Mit guet *m*, Mein guet sol *o p*. 280. kinden *h*. 281. Vnd die *i*. 282. sein *o f n*. irs *p n*. 283. gar] gantz *h*, sint *i*. 284—285. Man lies (hiez *o*) yeclichen des goldes (gudes *n*) nemen Bis (Vntz *o m*) in (im *f*) nicht mer wold (mobt *f*; nibt wolt mer *m*) geczemen (zemen *o*) *p m o f n*, Da mit lie man dez goldez nemen Swaz iegleichem begund zemen *x*. 284. Mannegleich *h i*. 285. Als

3 *

den sol man gar vervahen.
Vnser dekeinen kan versmahen
waz man ime des gûtes git.
290 Der gewalt in dez handen lit
dem wir hie gedienet han.
Vil selich man, ir sult daz lan
swaz dem rehte niht enzimet:
ich bin einre der gerne nimet,
295 swaz ir mir sendet, daz ist gût:
ich wene, sus stet vnser aller mût.'
Rennewart vnd der markys bedahten sich in maniger wis
vnd volgeten dem wisen,
300 der kvnde wol gewisen
waz sich gezoch gein prise.
Der getrûwe stete wise,
swaz der ratet daz ist gût:
vil seldon ieman missetût
305 swer volget gûtem rate.
Swaz er geraten hat,
der volge sie beide iahen:
die werch dar nach geschahen.
Sie sprachen 'reine selich man,
310 nieman misse werben kan
swer volget dem wisen.
Nv rûchet ûwer wisheit prisen
vnd helfet teilen daz gût:
ûwer pris dar an niht missetût.'
315 'Nein, gebet als ûch gezeme:

---

vil als in gezæme *i*. 287. man vnder vahen *o p i*. 288. kainem *h i*. Niemen chan hie *o m p f n*. 289. Swaz *m f i n*. man fehlt *m*. imo fehlt *h f*. des gûtes] des gewinnes *h m f n*, gewinnes *o p*, mit zühten *i*. 290. Des *m f n*. hande *f*, handes *h*. 291. Dou *m*. 293. Was *h o p*. rechten *h*, reiche *o m p f n*. gezimt *i*. 294. pin ir ainer *o*. 295. Was *h o p*. 296. so *h o m p i n*. sus stet] daz sey *f*. al vnser mut *n*. 297. Rennwart *o i*, Rennbart *m*. 298. Die gedach ten (gahten *f*) in maniger (manigen *m f*, maninge *n*) wis *o m p f n*. Die begunden sich *i*. 299. vnd] Wie si *o*, Wie er *p*, Bedenchen vnd *i*. volgeten] gevolgten *o*, gevolgte *p*, wolten also do *f*. den *i*. greisen *o m p f n*. 300. vil wol webisen *f*. 301. Swaz *o m f i n*. sich] das *s nachgetragen m*, ich *p*. zoch *i*. 302. stæte getrewe *o p*. 303. Was *p*, Saß *h*. der] er *m p n*. ratet] tut *m*, getuet *o p f n*. ist alles guet *o f*. 304. Swer vil *m*. eyn man *n*. 305. am Rande *nachgetragen f (im Text von f steht hier V. 296 wiederholt, aber durchgestrichen)*. Wer *h o p*. Der .... gûten *i*. 306. Was *h o p*. er ze raten *i*. 307—308 fehlen *o p*. 307. volgen *h*. 310. misse würcken *h*, misse varn *i*, missowende *f*, daz gewenden *n*, missewenken *o m p*. 311—312 . fehlen *o p*. 311. Wer *h*. dem] alle zit den *f*. 313. Nv *o*. daz] ditz *h m p f i*, vns dit *n*, hie daz *o*. 314. ûwer pris] Swer (Wer *p*) *o m p f n*. dar an] daz ane *f*. nihť] icht *o p*, fehlt *m f n*.
315. Dem gebt *o m p f n*. als ew *i*, alsu *n*. gezem (so!) *m*, zem

swe ubric gůt hie von ůch neme,
dem můze sin ritterliche name
bliben in vnpris schame.
Gebet dar wie ůch gevelle:
320 Schuldelosen ich ůch zelle.
Ir sit ze willic vmbe diz gůt.'
Rennewar daz wegest tůt:
Die gabe er da hin treib
daz ime dez gůtes niht bleib.
325 So riche wart nie gabe.
Franken Beigern Swabe,
der keiner darf dem riche
danken vil vlizzicliche
daz si sie empfiengen.

330 Do ritens vnd giengen
swar daz riche in gebot:
des dienstes lagen gnůge tot,
die doch behielten wol den pris. —
Rennewart vnd der markis
335 bereitet haten die ritterschaft.
Daz lob mit trůwen hat die craft
daz noch eret wart daz gůt (121d)
gezelet. Waz man dar nach tůt?
Da schiet daz groze her.

*i*, wol gezeme *f*, dann (denn *p*) gezem *o p*, das gezimet *h*.
316. Swer *o m f i n*, Wer *k p*. ubric] vboriges *i*, Vber *f*, denn vbrig *p*, dann vbriges *o*. hie] bio nv *f*, fehlt *i*. von ůch fehlt *o m p f n*. ev *i*. nem *o*, genimet *h*. 317. muez *o und ebenso mit einfachem x und ohne nachfolgendes e auch m p f n*; dagegen *i* müzz *und h* müße. ritterlicher *o m p f i*. 318. an *o*. vnprise *f*, vnpreises *o m p i n*. 319. dar wie] dar wòr *h*, daz *o m p*, rebt daz *f*, als *i*, hin als *n*. ev *m i n*. gemallo *h o m p f n*.
320. ich ůch z.] all mit alle *o m p f*, albetalle *n*. ev *i*.
321. daz *o m p f i n*. 322. Rennewart *h p f n*, Rennwart *o*, Rennbart *m*, Herre Rennwart *i*. 323. da hin] do vast hin *f*, so van im *i*, also lange *o p*. 324. Vntz *o*, bis *p*. in *p*. (das guttes *h*.) nihts *f*. inbleip *n*. 326. Francken *h o p*, Franchen *m i*, Franke *f*. Bayrn *h*, Payer *o i*, Paier *m*, Beier *p*, Bayer *f*, Beiere *n*. Swaben *h*, in Swab *m*, vnde Swâbe *f*.
327—328 fehlen *o p*. 327. Kainer der *h*. wedarf *f*. den reichen: vleissichleichen *m f*. 328. vil fehlt *m f n*. 329. (Do si daz gůt enpfiengen *x*.) Das sie ye *h*, Das sis al da *i*, Daz si daz *m f n*, Do si die gab *o p*. 330. Doch *h m f i n*. ritens] riten *m* (,riten sie *f n x*). 331. War *h*, Wo *p*, Swaz *m*, Swo *o x*, Swa hin *f*. in] in hin *o*. 332. Daz *x*. langen oder laugen *f*, gelagen *h*. genůch lagen *i x*, lag vil maniger *o p*.
334. Rennwart *o i*, Rennbart *m*. 335. Beraitt *m*, Beraitent *h*, Berait *f*, Beraten *o i*. hand (habent *i*) *h i*. Hatten bereit *n*.
336. Daz ir lob het mit trewen chraft *o*. mit] vint *i*. hat] das het *h*. er überkleckst in *h*. 337. nach eren *h o m p f i n*. waz *o m p f n*. 338. Bezalt *o p*, getailt *i n*. swaz *f n*. man nv dar *o p*. 339. Doch *h*. schiot] schied sich *h o m p f i n*, sich schied *x*. grozzer *m*. (bir *f*.) 340. Do fůr Baldwein

310 Baldewin für vber mer
  fro wider heim zů lande.
  Vil gar ane alle schande
  liez in der markys hoh-
    gemůt:
  wolde er han genvmen gůt,
345 des hat ime Kyburg vil ge-
    geben.
  Der kv̈nig sin cristenliches
    leben
  behielt wol biz an sinen
    tot. —
  Die ritterschaft vil dienstes
    bot
  Willehelme dem markyse,
350 der sie nach ritters prise
  hat gelazē betalle.
  Die ritter füren alle
  froliche vnd riche von dan.

Von ime geschiet do kein
  man,
355 er enwer ime holt mit
  hertzen.
Der grozze kvmmers smer-
  tzen
in sime dienste hat erliden
dez mvnt kvnde ime do
  heiles biden.
Nv lat sich daz her ze
  lan:
360 doch můsten langer da
  bestan
die Loys hete dar gesant.
Diz mer tet in bekant,
in gebot vnd bat der markys
daz sie niht enliezzen de-
  keine wis
365 daz die vil sůze Alyse

---

auch v̈ber mer *x*. Paldwein *o m i*. fuer wider vber *m*, für aber
vber *i*. 341. Frolichen heim *f*. zu lande *auf Rafur, von
anderer Hand n*. 342. Vil] Vnd vil *x*, fehlt *n*. 343. wol
gemůt *i*. 344. genomen haben *f*. 345. hette *k n*, hiet *o m*,
het *p f i*. Kiburg *h*, Kiburch *o*, Chibuerch *m*, Kiburc *p*, Kyburch
*f i*. vil *g*.] genv̈go geben *f*. 346. ein *f*. ritterleichez *m*.
347. vntz *o m*. den tot *i*. 348. Der *h*. 349. Dem edeln
markoyse *i*. Wilhalme *h*, Wilhalmen *o f*, Wilbalm *m*, Wilhelm
*p*, Willebalme *n*. markisen: prisen *o m p*. 350. sich *h o m p i*.
ritters] rebtes *f*. wise *n*. 351. Het (Hete *n*) *o m p f n*. Ge-
lazzen het *i*. mittalle *i*, mit alle *f*, mit botalle *h*, all mit alle
*o m p*. 352. alle] alle mit schalle (alle *unterpunktet, alfo getilgt*)
*o*, mit grozzem schalle *f*. 353. Riche vn vrol:ch *n*.
354. geschiet do] enschiede do *o p*, schied do *m i*, do schiede *f*,
schît da ni *n*. 355. en- *fehlt o p f i*. holt *fehlt i*. von hertzen
*o p i*. 356. Des *m f und ursprünglich n; in n ist aber das s
unterpunktet und r darüber geschrieben*. grozzen *o m p f i n*.
chumber *i*. 357. Ze *i*. het *o m p f i n*, bette-*h*. 358. do]
doch *mit später über der Zeile nachgetragenem* ch *n*, doch *k o p*,
wol *i*. 359. v (*Iniziale N nicht ausgeführt*) *h*, Vv (*Iniziale V
irrthümlich statt N*) *i*. hat *h*, het *o m p i*, heto *f*, hatte *n*.
360. Do *o m p i*. muesten si *m*. lengen *f*. 361. aldar *o p i*.
dar het *f*. 362. Daz *o*. tet] daz tet *o p*, tet her *n*. in tet
*i*. im *h*. 363. vnd bat *fehlt i*. 364 icht *n*. en- *fehlt
k o m p f i n*. kainen *o m p f i*. preis *m*. vil] raine *o m p f n*.

nach ir werden vaters prise
Rennewarte wurde ze wibe.
(121 d 31)

R. allein fei der Sieg über die
Heiden zu danken; auch fei er von
edlerer Abkunft als Loys felber;
hüten möge fich diefer, durch eine
Weigerung feine, W.s. und R.s Feind-
schaft herauszufordern. Voll Freude
dankt R.:
Er sprach 'sůzer markis,
(121 d 51)
dv erzeigest diner eren pris:
370 min dienst mich niht ruwet,
er wird etswo genůwet
daz mûter kint geweinet.
Wie ich daz han gemeinet
daz sult ir merken eben.
(122 a)

375 Ich engesach zv̊ mime leben
nie maget noch daz wib
die ich wolde dan ir lib
die min hertze bi ir hat,
vnd weiz wol, swer ez an
sie lat,
380 daz sie mir lones ist gereht.
Do ich waz ein heideni-
scher kneht
vnd mich gůtes niht versan,
do wart ich ir dienst man.
Vnd swaz ich strites io
gestreit
385 durh ir hulde ich daz erleit
die ich mit hertzen prise.
Mir enwerde die sůze Alise,
ich tůn daz vil der cristen-
heit

---

Alÿse *m*, Aleyse *i*, Alise *n*.  366. irs *o m p i n*.  werden] lieben
*f, fehlt o m p n*.  wise *h m f i n*.  367. Rennwarte *h i*, Renu-
warten *o*, Rennbarten *m*, Rennewarten *p*.  be (*ron* wibe) *auf
Rafur l*.  368. sůzer] vil suzzer *o m p n*, vil lieber freunt *f*.
369. ere *n*.  370. enrevet *f*.  371. Ez *o p*.  etteswo *n*, eteswa
*f*, ettwo *o*, etwa *i*, ettwa *h*, otwenne *p*.  vernewet *f*.  372. *fehlt
o m p f n*.  bewainet *h i*.  373. gemainet han *o m p f n*.
374. Daz sullt ir also verstan *o*, Des sult ir nicht enlan *p*, Des
schult (insolt *n*) ir nicht (mit nihte *f*) enlun (lan *f n*) Ir (Iru *n*)
schult iz merchen eben (vil ebene *f*) *m f n*.  ir *fehlt i*.
(374—)375. *fehlt o p*.  375. en- *fehlt h m f i n*.  zv̊] pei
*m f i*.  376. Nie die maget *h m f i n*, Daz nie wart maget *o*,
Daz nie die maget *p*.  daz *fehlt o*.  377. dan] wan *h i*, fur
*o m p f n*.  iern *o m p n*.  378. die] Nemen *f*.  hercz sie pei
*f*.  hat] trait *o m p f n*.  379. *fehlt o m p f n*.  vnd] Ich *i*.
wor es *i*, wers *h*.  380. daz] Die *h*.  sio *fehlt f n*.  daz sie
mir lones] Der mein dienst *o p*.  (leones *h*.)  ist] wěr *m*. goreht]
berait *o m p f n*.  381. Do ich waz ein haidnisch (haidnischer *m*,
heyden *f*, heidener *n*) chnecht Daz ist ehurtz vnde (daz ist [für
vnde] *m f n*) slecht *o m p f n*.  382. Vnd ich mich *o p f n*, Do
ich mich *m*.  383. ir *fehlt m*.  ir ein *p*.  384—385 *fehlen
o p*.  384. was *h*.  strite *h i*.  385. daz] die *h i*.  laid
*h m f i n*.  386. *Iniziale D fehlt h*.  die ich] Wan (Wenn *p*)
ich sei *o p*.  herezen ymmer priste *f*.  387. en- *fehlt i*.  enwerde
dann di *o*.  Alyse *h p f*, Alys *m*, Aleyse *o*, Aleise *i*.  388. ge-
tun *h*.  vil der] der *p f*, di *m n*, all der *o*.  *Nach 388 V. 385*

füget kvmber vnd hertze-
leit.
390 Dar nach werbet als ir
wellet.
Min hertze ir für eigen ist
gesellet.
Daz wil ich sprechen uber
lut,
sie zwei sint mir geliche
trut,
Alise vnd der vil sůze got.
395 Ich wil leisten ir gebot
als ich aller beste kan.
Ich enwart nie gotes dienst
man
wan sit ich den toufe enpfie:
do diente ich Alisen ie
400 sit her von kindez beine.
Der suze got vil reine

niht gerůhte des dienstes
min,
do ich waz ein Sarrazin:
nv dienen ich gerne in
beiden.
405 Jvden cristen vnde heiden,
der dekeinen leben ich liez,
welher es mich tůn hiez.
Ich enweiz waz ich mer sage.
So nahe ich sie ze hertzen
trage
410 daz ich dar můz swo sie ist,
vnd geschehet daz in vil
kurtzer vrist,
er enwolle dan der markys
an mir crenken sinen pris,
also daz er mich es wende.'
415 'Do sie got der mich
schende'

*wiederholt und roth durchstrichen* l (122 a 16). 389. Gefůget *f*,
Gewinnet *n*. hertzoleit] gros laid *h*, lait *o m p f i n*. 390. wer-
bet] fůget *f*. als welt *(fo — mit Zwischenraum — die Abschrift von)*
*p*. 390: 391. wolt: versolt *i*. 391. Das r von fůr *auf Rasur*
*l*. ist ir gesellet, *diefes (zweite)* ir *aber durchstrichen l*. hert *o*.
für aigen ir ist *h o p i*, v°eigen ir ist *n*, fuer aigen ist ir *m f*.
gezelt *f n*, verselt *h o p*. 392. Des *f*. 393. Di *o f*. Si sint
mir beide *n*. 394. Alyse *h m p f n*, Alys o, Aleyse *i*. vil *fehlt*
*o*. svzzer *f*. 395. ewr *h*. 397. en- *fehlt h i*. (nie *über der
Zeile nachgetragen l*.) 898. sit] soint daz *o p*. di tovff *m*.
399. do] So *o*, Da vor *i*. dienten *h*. Alysen *h m p f n*, Aleysen
*i*. ie *fehlt p*. 400. sit *fehlt i*. her] er *o p*, ich *m*. *t von* sint
*und s von* kindes *von zweiter Hand nachgetragen n*. 401. vi!] der
*o p*. 402. Gerůht niht *i*. Mein geruechte vnd dez *o m p f n*.
dien(e)st *o m*, dienste *f*. min] nain *m* (400—402. pain: rain:
nain! *m*). 403. Sarruzzen (*gemacht aus* Sazrazzen) *o*. Sarrazein
*m*, Sarraczin *p*, Sarrazzein *f i*, Sarracin *n*. 404. ich] iht *f*.
405. vnde] vnd den *f*, *fehlt o p*. 406—407 *fehlen o p*.
406. kainen (keyn *n*, deheiner *f*) ich leben *h m f i n*. (liesse:
hiesse *h i*.) 407. Swer mich icht anders tven hiez *m f n*.
welher es] Sweders es *i*, Weders *h*. 408. en- *fehlt h o m*.
409. nahen *h o m p i*. 410. můzze *i*. wa *h*, wo *o p*.
411. Vnd *fehlt f*. geschicht (geschih(e)t *h i n*) *o h m p f i n*. Daz
geschicht *f*. vil *fehlt o m p f i n*. 412. Es *h o m p f i n*. en-
wolle] wolle *i*. 414. er] der *h*. es] sein *o*. mich erwend
*m p f n*. 415. So sie got der schende Mich. ich můz dar swa

sprach Willehelme der vil
reine:
'mit truwen ich dich meine,
swaz dv tůst des volge ich
dir.
Nv suln e versůchen wir
420 ob es mit willen můge ge-
schehen.
Rennewart, ich lazze dich
gesehen
daz nimmer dekein din
wille
gelit min halp stille.
Dez solt dv an mir sicher
sin.
425 Wib vater und die brůder
min

můgen niht wider raten mir:
swar an lit dins herzen gir
daz helfen ich dir vol enden,
oder got der můz mich
schenden
430 mit tode oder mit vanch-
nusse.' (122 b)
'Willehelmen wil ich kusse
sine hende vnd die fůzze.
Owe Alyse die sůzze
daz die min leit niht bůzzet!
435 Min hertze ir schone grůz-
zet:
swie verre ich doch von
ir bin,
min hertze ist bi ir vnde
der sin.

---

sie ist In vil harte kÿrczer friet [*vgl. V. 410—411.*] *f.* So *h o m p (f) i n.* 416. Do sprach *f.* Wilhalm *h o m f*, Wilhelm *p*, Wilhalme *i*, Willehelm *n.* vil *fehlt f n.* 417. mit tr. ich] min trewe *f n.* dich] dich so *f i n*, so *m*, daz *o p.* 418. Was *h o p.* das *h.* 420—421 *fehlen o p.* 420. gescheh — *das folgende weggeschnitten i.* 421—427. *Die Versanfänge (nach l folgendes:* Rennewart — Daz nim — Gelit in — Dez solt dv — Wib vn — Můgen — S —) *weggeschnitten in i.* 421. Renn bart *m.* dichz *m.* besehen *m f i n.* 422. din] mein *o m p f n.* 423. min halp] gein dir *o m p f n.* 424. dv *fehlt f.* 425. die *fehlt m f n.* 427. Swa an *m*, War an *h o*, Woran *p.* 428. hilf(fe) *o m p i f h*, helfe *n.* wol enden *i*, wol vol enden *n.* 429. Mich well sein daun got wenden *i.* der *fehlt h m f n.* můz mich] muß michs *h*, wolle mirz *n*, well (wolle *p*) vns *o m p f.* wenden *h o m p f (i) n.* 430. oder] al *i.* gevenknvsse (*aus* -nisse *gem.*) *n* 431. Wilhalm *h o m f*, Wilhelm *p n*, Wilhalme *i.* wil] wil(t) du *h o m p f i n.* icht kusche *h.* 432. sine] Dir *h f i*, Dir di *n*, Dir dein *m*, Dein *o p.* die] dein *o m p*, *fehlt h i.* 433. On wo (*deutlich fo! wenn auch* Ou wo *gemeint sein wird*) *h*, Awo *i.* Alise *o n*, Aleyse *i.* die] du *n*, du vil *m f.* 434— 437 *fehlen o p; l hat die Verfe in der Folge 436, 437, 434, 435, doch ist in l (vom Schreiber felbst wohl) die Reihenfolge 434, 435, 436, 437 angedeutet durch die vorgesetzten Buchstaben* c, d, a, b, *ferner durch je ein Kreuzchen unter* b *und ror* c, *sowie durch einen ron* grůzzet *(V. 435) nach* bin *(V. 436) gezogenen krummen Strich.* 434. Daz du ..... puezzest *m f n.* 435—437 *fehlen m.* 435. ir ... grůzzet] dv ... grÿzzest *f n.* 436—437 *fehlen n.* 436. Wie *h.* doch] nv *f.* ir] dir *f i.* 437. *Dicht hinter* bi *Rafur in l.* ir]

Wizzet, Alysen minne,
ob ich der niht gewinne
440 so bin ich an freuden tot.
Wie mag gegeben mir die
   not
vnd so kvmberlichen pin
ein so crankes vrowelin?
Wib vnd man daz merke
445 da hilfet mich min sterke
gein der minnen lage.
Wizzent daz ich es wage
vnd selbe sûche ir hulde.
Min leit ist ane schulde:
450 es tüt die Minne vnd ir rat.
Ir edele, ir schone die sie hat,
die hat die Minne an ir er-
   sehen:
da von ist mir diz leit ge-
   schehen
vnd der kvmber den ich dol.

455 Nv getrůwe ich doch ir
   gůte wol
daz sie min leit noch wende
vnd trost mit liebe sende.'
Kyburge an ir brůder sach,
hin zů ime die vil sůzze
   sprach
460 'Rennewart, dir ist die
   grůne val,
die hohen berge ein tiefes
   tal,
daz swartz dunket dich
   blanch
(daz tůt din senelich ge-
   danch)
vnd daz gelwe alles rot;
465 daz dir div minne daz gebot
do sich din sin niht versan:
dv werde ein kint, ein man,
vnd hast daz behalten her.

dir *f*.  438 Nu wizze *o m p n*, Nv mrze *f*.  Alyse *h*, Alisen
*o n*, Aleysen *i*.  439. die *o m p f*, dich *n*.  440. ich gar an
*o p*.  443. also *o p*.  444. Man vnd weip *i*.  daz eben merke
*f*. merchen: sterchen *i*.  445. da h. m ] Das hilffet nit *h i*,
Mich hilfet (hilfen *o*, belfet *p*) nicht *m o p f n*.  446—449 *fehlen*
*p*.  447. Wizze *o*. es *fehlt o m n*.  448. selber *f*. suche
selber *h*. ir] ich *o m*.  449. *fehlt h*. an ir schulde *i*.
450. die] ir *o m p f n*. rute: hate *o*.  451. adil *n*. schonde
*n*.  452—457 *fehlen p*.  452. gesehen *o m*, versehen *i*.
453. daz *o m i*. leit *fehlt o m f n*. beschehen *h*.  454. Vnd den
ich dol kvmer (*aus* kvmemer *geändert*) den ich dol *f*. der] den
*o m*.  455. Ich getruwe doch *n*.  458. Kyburg *h n*, Kiburch
*o*, Chyburch *m*, Kyburc *p*, Kyburch *f i*. irn *o p f n*.  459. Alsus
dev sůzze raine sprach *i*. die v. s.] vil sůze si *p*, die susse *h m*,
sie svzze *f o*, si du *n*.  460. Rennwart *o i*, Rennbart *m*. mir
*o m p f n*. daz grůne *n*.  461. tief *m*.  462—463 *fehlen*
*o p*.  462. Da pei ist dir daz swarcze blanch *i*, Ouch dunkit
mich daz swarce blank *n*. mich *m f(n)*. blaug *h*.  463. din]
ein (*oder* dinʔ) undeutlich in *i*; so nach *Roth*, aber d i n steht scheer-
lich in der Hs., da der Schreiber d e i n schreibt. senleicher *m*, senik-
lich *f*. senentliche dank *n*.  464. Vnd ist min gelbe worden
rot *f*.  465. *fehlt n*. enpot *i*.  466—467 *fehlen o p*.
467. Du wůr dann nicht ein man *m*. were *h i n*. kint vnd niht
ein *f n*, kint vnd ni ain *h*, chint niht ein *i*.  469. 468. *o p*.
468. hast] hastu *m*, hat mir *p*, *fehlt o*.  daz] diß *h*, es doch *i*,

Daz die Minne dich gewer
470 lones vnd daz sie helfe dir
daz din seneliche gir
mit lones gabe ein ende
neme:
ich wene, daz ir truwe
zeme.'
'Waz dir von der minne
geschiht,
475 wir suln vns langer svmen
niht'
sprach Heymerich von Na-
ribon:
'Rennewart, dines willen
don
schiere in dine hertze hillet
vnd daz dir wirt gestillet
480 din leit vnd din grozer zorn.
Dekein art ist so hoch ge-
born
als die dine, so ich es wige:

ob man Alisen dir verzige,
da gein hete immer haz:
485 ich enweiz niht da man
sie baz
mohte ze manne gewenden.
(122 c)
Rennewart, diz sol man
enden,
so man aller erst mag.'
'Sol des sprechen dekeinen
tag?'
490 sprach Rennewart, der leit
daz leit.
'Mit miner trûwen sicher-
heit'
sprach Heymerich von Na-
ribon
'daz Alisen minnen don
mûz vil schiere werden dir.
495 Rennewart, daz geloube
mir:

---

*fehlt f.*   469. mich *o p.*   470—489 *fehlen o p.*   470. daz
sie] sei (oi *abgerieben*) *i*, daz *m*, des *f n.*   471. din] den *h.*
senelicher *m*, seniklichew *f*, sonentliche *n.*   473 *Der Schreiber
von f hat den Vers unten auf der Seite nachgetragen und ein roth durch-
strichenes a vor ihm, sowie ein solches b vor V. 472 (!) geschrieben.*   daz
ir] des min *f*, des irre *n.*   iren treuwen *i.*   gezem *f.*   474. Swaz
*m f i n.*   475. sinnen *(kaum möglich anders zu lesen) h.*   476—
479. *Die Versanfänge (nach l folgendes:* S — Renne — Schiere —
Vnd daz — ) *weggeschnitten in i.*   476. Hainrich *h*, Hainreich
*m*, Heynrich *f*, Hainreich *i*, Heinerich *n.*   Narybon *i.*
477. Rennbart *m.*   478. in dem hertzen *m.*   480. din vil
groze *n.*   482. (Also *i*, Alse *n.*) die *fehlt f n.*   dine *fehlt m.*
so] swar *i.*   so ich es] di ich ouz so *m f n.*   483. Alyso *h*,
Alysen *m f*, Aleysen *i.*   484. da goin] Da gehen *f*, Do goin im
*m*, Da gen so *i.*   hete] hate ich *h*, hiet (i *nachgetragen*) ich *m*,
het ich *f i*, bottich *n.*   erst nummer, *dann das* n *ausradirt n.*
485. en- *fehlt h i.*   486. Ze manne möht *i.*   487. Rennbart
*m*, Rennwart *i.*   daz *m f.*   wenden *m f.*   488. Als man *i.*
489. Sol man des *h m i n*, Schol man daz *f.*   dekeinen] einen *i*,
zv einem *m.*   490. Rennwart *o i*, Rennbart *m.*   das erste leit
*fehlt o m p n.*   491—492 *fehlen o m p f n.*   491. meinen *h.*
492. Hainrich *h*, Hainreich *i.*   Narybon *i.*   493. Alysen (Alisen
*o n*) minn vil gerait (werait *f*) *m o p f n.*   Alysen *h*, Aleysen *i.*
minne lon *i.*   494. Si muez *o m p n*, Die mvz *f.*   495. Renn-

ich hilfe sie dir betwingen.
Vns mûz benamen gelingen:
des ziles vf mich warte.'
Rennewart do niht sparte,
500 sinen danch er niht ver-
sweig,
Heymerich er tiefe neig
vnd bat es also werben
daz mich mûste verderben
er selbe vnd der cristen vil.
(122 c 19)

H. fagt nochmals feine Verwendung zu. Die Ritter des Königs verſprochen beſte Ausführung des Auftrages, übernehmen es auch, W.s wiederholte bittende und drohende Fürsprache Loys zu überbringen und brechen dann mit H., zunächst nach dessen Heimath Naribôn, auf. Dort werden alle von Frau Irmentschart wohl empfangen. H. bewirthet die Ritter aufs beste und lässt ſich schliesslich von ihnen beſtimmen, felber mit feinen Söhnen an Loyſes Hof mitzuziehen um desto kräftiger die Sache Rennewarts zu führen. Zu diefem kehrt dann die Erzählung zurück:

505 Nv waz mit sender swere
(123 b 40)
Rennewart sere bevangen:
in begvnde sere belangen
wan die boten qvemen
vnd in von kvmber nemen.
510 Diz waz sin herzelich gedanch.
Sin hertze waz gein freuden cranch:
dez twanch in gar die minne.
Wie mohte so gar sin sinne
erkennen kvmmerlichen
last?
515 Ime waz doch gar die
minne ein gast.
Doch muste er sie erkennen:
in begvnde die minne so
brennen
daz sich daz herze enzvnte.

wart *o i*, Rennburt *m*. des *pfn*. 496. dir sei *omf*.
497. Vns] Vnd *h*. benamen] endleich *o*, zwar *m*. 498. Dez zweifels *o m p f n*. gewarte *o*. 499. Rennwart *o i*, Rennbart *m*. do niht] sich do *h*, sich doch niht *i*. 500—503 *fehlen o p*. 500. Sein *m*. gedauck *h m i n*. er] er da *m*, sie *h*. (verswig *h*.) 501. Hainrich *h*, Haimreich *m*, Heimerychen *f*, Hainreichen *i*, Heymeriche *n*. er] er vil *i*, er da vil *m*. 502. pat in ez *f*. 503. daz] Dazz *m*, Daz iz *n*, Das er *i*. mich] nit *h f i n*, icht *m*. müse *h*, muezz(e) *m f i*, mochte *n*. 504. er selbe] Er selber *h*, Er *o m p f n*, Chünich Loys *i*. vnd] vud mit im *p*. vil] gar ze vil *f*. (505. seneder *o*, senender *h p f n*.) 506. Rennwart *o*, Rennbart *m*, Rennewarte *f*. 507. Im *n*. sere] harte *f*, *fehlt p*. verlangen *n*, erlangen *p f*. *für Vers 508—545 (einschl. des von mir nur im Proſaauszuge gegebenen Stückes zwischen V. 532 und 533 [l 123 c 12—35]) haben o p folgende 2 Verfe:* Nach Alysen der suezzen Ob si im wolt chvmber (kvmbers p) puezzen. 508. Wannen *h*. quamen: benamen *f*. 510. Das *f*. herczenlich *f*, hertzeulcicher *m*, innenclich *n*. 511. hertze] lip *f*. gein] von *h*, an *n*. 513. mochten *h m n*. so gar *fehlt m*. (sine sinne *f v n*.) 514. Bochennen *m f n*. 515. gar *fehlt h*. 517. 516. *m*. 516. Do *f*. 517. Vnd nach der liebe nennen *h*. 518. daz hercze sin *f*. erzinte (ſo *wirklich wohl ge-*

Rennewart die swere kvnte
520 Kyburge siner swester.
Er sprach 'ez enwart nie
    vester
dekein kvmber danne ist
    der mine. (123c)
Sol ich die kvmmers pine
ane trost langer liden,
525 so mag ich niht vermiden,
ich lige nach Alysen tot.
Ist mir daz niht ein michel
    not
daz ich die minne minne
vnd niht da mide gewinne
530 wan tot mit hertze leide?
Ich minnen die minne
    beide,
die got hat an Alyse.'
(123 c 11)

Um Gott zu dienen, führt R.
fort, habe er Heimath und Verwandte
und die glänzendsten Aussichten auf-
gegeben: dafür müsse ihm jetzt in
feiner Liebesnoth Gott doch helfen:

Vnd blibe ich von ime vn-
    gewert, (123 c 36)
daz wil ich an in hazzen
535 vnd min dienste lazzen
swo es die cristenheit be-
    darf.
Ich enweste waz ich warf
do ich min mage floch
vnd mich zv́ ime mit dienste
    zoch.
540 Sit er an mir nv wenket....
vnd etteliche dranch dar
    schenket
da von Loys lidet leit.
Crist, dir si widerseit:
hilf mir an kurtzer vrist
545 oder dv bist niht min Crist.'
(123 c 48)

K. fucht ihn zu beschwichtigen
und mahnt ihn zu demüthiger Bitte
an Christus. Nur so könne er Er-
hörung hoffen. Du weisst nicht, ent-
gegnet er, wie mir zu Muthe ist:
'ob dv erkantes minen pin

---

*schrieben)* h. entzündet: ehundet m.    519. Rennewarte h, Renn-
bart m.    520. Chyburg m, Kyburgen f, Kybvrge v.   siner
lieben swester f.    521. nie so vester f.    522. Deheiner f.
danne ist.] sam m, so f, do n.    523. kvmmers] swer m, sweren
f n.    524. Vne *(fv.!)* f.  lange h.  lide: vermide v.    525. mage
h, enmach f n.    526. Ich enlige h m n.  Alisen n.    527. nit
das h.  grozz m.    528. die *fehlt* h.  nione *(fo.!)* minne h.
529 *fehlt* h.    530. Neur wann f, An n.  nott h m f n.  hertzen
m f.    531. Ich minne h m f n.    532. an] vnd h m f n.  Alise
n.   534. an ime n.    535. Vnd lan meinen (min f n) h f n,
Vnd all mein m.  (dienst h, dienest v.)    536. Wa h, So n.
es] (ez v,) sein m.  (bedarf: warb n.)    537. enweste] weste h,
in weiz nicht n.    540. er] jr m.  nv *fehlt* m f.  *Zwischen 540*
(= *l 123 c 43) und 541* (= *l 123 c 44): Vnd mir (Vnd nicht m f n)
mein laid bedencket So sol auch ich im (im *fehlt* m; ich im anch
f n) wencken h m f n.    541. ettleichen m n, ritterlichen f.
(da n, do m.)  schencken h m f n.    543. Christ m f.  si] si nu
n.    544. hilf mir] Hilfes du mir nicht n.  mir schir an f.
in h m n.    545. *am Rande nachgetragen* m.  So inbistu nicht n.
Christ m f.    546. bechandes (bekentes n) o m f n, bekennest

vnd wie nahe ich den trůge,
dich duhte niht vngefůge
ob mich min sin verkeret.
550 Doch swaz dich mine truwe
leret,
dez volge mir mit willen gŷt,
vnd mant got daz er sin
blůt
durh mich an daz cruce goz,
daz er mich mache leidez
bloz.'
555 'Hertzeliebe Rennewart,
nv iagest dv die rehten vart:
da solt dv nimmer abe
kvmen
e daz ein ende habe ge-
nvmen
waz dir leides wirret

560 vnd dich an freuden irret.'
'Kyburge, so wil ich můten
an Jesum den vil gůten
daz er mir ze staden ste.
Ich han doch von ime ze e
565 zwo reine stete minne.
Got svn der kvniginne,
des vater ist daz ave,
der můz immer sin min e.
Daz ander ist Alyse:
570 solde ich in dem paradise
sin vnd daz sie hie blibe,
ich enrůchte wer mich dar
vz tribe.
Kyburg, dar nach gib mir
rat.
Min lib niht langer hie
bestat,

---

p. meine *h p*. 547. vnd *fehlt p*. Vñ wo nach *n*. nahen
(nnhent *p) o m p f*. den] die *o m p*. 548. Ez douchte dich
(dich gor *f)* vngefuege (vnfueg *m) o m p f n*. niht] nith nith *(fo.!)*
*v.* 549. Ob sich *h o m p f n*. 550. was *h o m p*. mich din
trewe *h m f n*, dein trewe mich *o*, mein trewe dich *p*. 551. mir]
ich dir *h o m p f n*. willen] trewen *o m p f n*. 552. mane
*h o m p f n*. 553. durch mir *o*. an dem *o p m f n*. vergoz
*o m p*. 554. Da er mich macht *m*, Do mit macht er mich
*f*. 555. Hertzen *o m p f*. lieber *h o m p f*. Reunwart *o*, Renn-
bart *m*. 556. iagest dv] lag vns *o*, las vns *p*, lagestu *m f*,
jages (*oder* lages?? *der Schreiber scheint* jages *aus* lages *gemacht zu
haben*) du *n*. die] der *o m p f*. 557. Dv scholt sein nimmer
*m*, Dv scholtest nymmer *f n*. abe k.] erchomon *f*. 558 habe]
het *f*. 559. Swaz *m f n*. di *n*. laides ie noch wirret *f*.
561. Kyburg *h n*, Kyburch *o*, Chyburch *m*, Kyburc *p*, Kyburk
*f*, Kybvrg *v*. 562. Ihesum *h o p f n*, Icsvm *v*. 563. czu
staten mir geste *p*. 564. doch *fehlt m*. ze] die *o p*.
566. Gotes *o m p*. 567. *fehlt p*. das aine *(der Punkt über
dem i fehr schwach; vielleicht* ame, *wie Lachmann und Roth lafen) h*,
daz an .c. *o m n*, danzane *oder* danzaue *f*. 568. Die *o m p*.
muezz *o*. sein meine *h*, sein an- e *o*. 569. Alise *n*.
570. ich sein in *m*. 571. Dort sein daz si *o p*, Sein (*fehlt m*)
oder daz ich *f m n*. beleibe *o*. 572. Ich ruche *h*, Ich ruchte
*f*. dar zv tribe *f*, druß trybe *h*, druz vertribe *n m*, dar vz ver-
tribe *v p*. 573. Kyburch *o*, Chyburch *m*, Kyburc *p*, Kyburk
*f*, Kybvrg *v*. mir] den *h*. 574. langer] zo leng *m*.

575 ich wil zv̊ Alysen varen
vnd min vart niht langer
sparen,
niht dann biz morne.
(123 d 41)

'Reich und Krone', führt er fort,
'foll mir Loys lassen. Meinen eignen
Bruder habe ich erschlagen (Wolfr.
Willeh. 442, 19 ff.), und fo foll es
jedem ergehen, der mir Alife nehmen
will.' Wieder will ihn Kyburg beruhigen: übel stehe ihm, zumal feit
er Ritter geworden, folch zorniger
Ungestüm an. Aber R. hört nicht:

'Swester, nv la dinen rat,
(124 a 20)
wan ich wil dir niht volgen:
580 min mvnt wirt der erbolgen.
Vnd wilt dv niht swigen,
min sůze reine amigen,
die vil schonen Alysen,
sich, die wil min herze prisen
585 vor allen lebenden wisen.'
(124 a 27)

'Zu ihr, zu ihr will ich hin',
tobt er weiter; 'ohne fie *entsinnet
sich min sinnes, nur ihre Huld kann

meine Liebesglut löschen. Verfagt
Loys fie mir, fo ist er des Todes,
er und alle, die mir in den Weg
kommen.' K. weiss keinen Rath
mehr; verzweifelt ruft fie aus:

'Den zorne sol wol vnder
varen (124 b 14)
Willehelme der vil sůze,
der dir vil gerne bůze
swaz diner freude kan geschaden:
590 ich wil in her zv vns laden
.... (124 b 18)

Sie geht und klagt W. ihr Leid
wegen R. s.:

'Es ist entsniden gar sin sin
(124 b 30)
nach Alysen sůzen minnen.
Markys, vnd vert er hinnen,
so bin ich an freuden tot.'
(124 b 33)

Sie aber könne bei ihm nichts
ausrichten; helfen könne allein W.
Diefer beruhigt fie und geht mit ihr
zu R. 'Deinen Kummer' fagt er,
'will ich stillen: ich fende Boten zu
L. die uns Herberge nehmen follen:

575. Alisen o, Alÿsen f.    576. Dez kan niemen mich (mich
niemen m f) bewarn o m p f n.    577. Nicht langer dan biz n,
Nun wan fur war biß h, Nver wan vntz hin ze m, Nour wann
hinze f, Nur bis hin ezu p, Nur vntz bintz o.    579. nicht dir
n, nicht dir mer m.    envolgen f.    580. mütt h o p.    wir o.
(dir h o m p f n.)    581. Wilt dv sin niht verzigen f.    enwil
h.    geswcigen o p.    582. mine suezz o, rayne fvzze (fo?) f, reine
suzen n.    584. 583. o p.    583. Die wil ich schone clar
Alysen f.    Der vil wol gescboneten h.    schon m, suzen n.    Alisen
n.    584. sich fehlt o m p f.    sich die fehlt n.    585. lebentigen
f.    weiben h o m p f n.    (l 124 a 35 bis c 34, also auch) die Verfe
586—607 fehlen o p.    586. Der h.    wol] hie f.    fehlt m n.
587. Wilhalm h m, Willehalme f, Wilhelm n.    gesůste: buste
h.    588. dir] die h.    589. Was h.    deiner freüden h f, den
freuden m.    590. in] ein m.    vns] hus n.    591. entsinnet
h.    versniten m f n (in n find vor dem Worte 2 Buchstaben [gv?] ausradirt).    592. Alisen n.    sůzen fehlt m n, sůzze f.    minne f,
minn m.    593. er von hinn (hiune f) m f.    595. Du scholt

übermorgen spätestens find wir felbst
unterwegs.

595 'Nv solt dv dime zorne,
(124 c 22)
Rennewart, gerne enziehen.
Vns mvz gar freude en-
pfliehen
als dv niht mit freuden lobest.
Daz dv zornes dich begebest,
600 dine hohen art ich dez bide.'
'Ich wil lan gar min vnside
vnde senften inût *[fo!]* in
daz herze legen:
dez zornes weg wil ich ver-
hegen
daz den der mût iht mer
enpfahe.
605 Ich bin vf dez geluckes rade
sit dv, markys, mit mir nv
verst.
Vil groze vnfûge dv mir
werst.' (124 c 34)

Ungeduldig drängt R. den Markîs
zu eiligster Eile. Dann wieder klagt
er über die Minne, die ihn fo hart
behandele:

'Die minne ist vngetruwe.
(124 d 11)
Gnade ich senfter hivwe
610 vs eim magnes herte.
Min leben ich samfter werte,
wolden sie mir nemen tu-
sent man,
vnd ich mich niht erweren
kan
daz man sihet noch enhóret.
615 Die minne die lúte toret...
min hertze von gedanken
brinnet.
Markys, ist daz geminnet,
swo ich stan oder sitze
daz ich beide daz vnde
ditze

---

deinen zornen pargen *(reimt auf* margen [morne *die anderen Hss.*]
*des vorhergehenden Verfes) m.* dime] hie dinem *f*, lan deinen *h.*
596. Rennbart *m.* gerne] herre *h,* also *f, fehlt m n.* geziehen
*h m.* 597. frevde gar *f.* 598. Swann dv *f.* 599. bewegst
*m f n.* 600. Dinen *f.* hoh *m.* bitten: vnsitten *h.* 601. wil
*fehlt h.* gar lan *m n,* gerne lan *f.* min] den *m f,* di *n.*
602. mütt *h m f n.* ins hertze *h f n,* in hertz *m.* 603. wege
*h.* 604. den *fehlt m.* der *fehlt f n.* enphaben *m n,* pfade
*h.* 605. Mîr schol (schol noch *f)* gelukch nahen (nahe *f)*
*m f n.* dez] dem *h.* 606 mit] sant *h.* nv *fehlt h m f n.*
607. groze] gar *m f n.* (l 124 d 3—18, *alfo auch) die Verfe* 608—615
*(fowie die 2 folgenden auch in l ausgefallenen Verfe) fehlen* o p.
609. (*Dicht hinter* senfter ein *h* ausradirt *l.*) Gegnade *f.* ich wirs
erhew *m,* ich baz behewe *f,* ich baz irhówe *n.* 610. Einen stain
hert *m.* magnes] steine *f n (m).* 612. Wolten mirs nemen *h m n,*
Woltenz mir nemen *f.* 614. man weder siht *f.* en- *fehlt k m*
*f n.* 615. betòret *f.* *Zwischen 615 und 616:* An mir selber
(selben *m f n)* ich das spúro Das fetir ich mit gedencken (gedanchen
*m f n)* schúcre (fuer *m) h m f n.* 616. von] in *o p.* gedencken
*h,* gedanke *n.* 618. Wa *h,* Wo *p.* 619. beide duz] beide ienz
*n,* vnde ienz *f.* 620—643. *Das mit V.* 620 = l 124 d 23 *be-*
*ginnende Bruchst. von i ist bis l 125 a 23* = *V. 643 stark beschädigt:*
*ich habe bei jedem Verfe das noch Lesbare vollständig angeführt, die schwer*

<sup>620</sup>gar tûn vz dem sinne
vnd niht wan Alysen minne
vnd Iesum, ob er wolde?
Weste Iesus waz ich erdolde
so erbarmete in min not:
<sup>625</sup>sin lib durh minne kos den
tot.
Erkennest dv die minne?
Daz ich die minne gewinne,
des helfe mir die Trinitat,
die manige erbarmvnge hat.
<sup>630</sup>Willehelme, es sint minne
dri:
der wonent mir zwo vil
nahe bi.

Daz ist eines Tetragrama-
ton:
des minne git so sůzzen
don,
niht gelichet sich der min-
ne.' (124 d 37)
Nachdem er noch über die zwei
anderen Minnen sich ausgesprochen,
erklärt er, dass er feine Sache ver-
trauensvoll Wi. überlasse. Diefer
lässt die Boten kommen und schärft
ihnen ein:
<sup>635</sup>waz er sie werben hiez,
(125 a 15)
daz er dekeinre da liez,

---

*oder nicht mehr ficher zu entzifferndem Buchstaben in eckiger Klammer.*
620. Tvn . . . . erhalp dem sinne *i.* den sinnen *o m p f n.*
621. V . . . . . . . . . . . . . . . . *i.* Vnd nu dan A. *h,*
Vnd nur A. *o p,* Vnd A. nuer *m,* Vnd A. newr wann *f.*
Alisen *n.* minnen *o m f n.* 622 — 629 *fehlen o p.*
622. *ganz unlesbar in i.* Vnde anch *f.* Ihesum *h f,* I'hm *m,*
Ih'm *n.* 623. [West] . . . . . esns . . . . . . . . . . . lte
*i.* Ihesus *h.* Weste I. waz] Pezzer daz *m,* Daz er weste waz *f,*
Woste ber (h' *ron anderer Hand an Stelle mehrerer ausradirten Buch-
staben*) waz *n.* dolte *h m f n.* 624. So erparm . . . . . . . . . .
not *i.* im *h m.* sein *h.* 625. [S]ein . . . ip . . . . . . . . . . .
chos den tot *i.* dvrch minen *f.* 626. Erche . . . . . . . . .
. . . . . . . . *i.* Irkentistu *n.* die *fehlt m.* 627. Das ich . .
. . . . . . . . . . . . *i.* minn gar gewinn *m.* 628. [D] . . s
. . . [lt] . . . . . . . . . . . . [t]at *i.* Das *h.* 629. D . .
[ma]nige er . . . . . . . . hnt *i.* barmvuge *f.* 630. minne
*aus* min *gemacht durch Nachtragung eines wagerechten Striches über* mi
*und eines e oben nach* n *t.* [W] . . . . . . . . [es] sin . . . . . .
drey *i.* Wilhalm *h o m,* Wilhelm *p.* Willehalm *f,* Willehelm *n.*
es sint] mir sint der *o p.* 631. [D]er . . [ut] . . . . . . . . . . .
nahen pei *i.* vil *fehlt f.* nahent (nahet *mit Strich über dem Worte*)
*h,* nahen *o m p f i.* 632. D[a]s . . . . . . . . . . . . . . . . .
atôn *i.* Das ist ain *h,* Die ain ist *o m p f n.* Tetragrammaton *p,*
Thetragramaton *f,* Thetag<sup>(l)</sup>maton *n* (ω = ra). 633. [D . . s
min . . g . it . . . . . . . . û]zzen lou *i.* minne di geit *o.*
so] mir *p, fehlt o m n.* lon *h o p i.* 634. . . . . . gelei . . . .
. . . . d . . minn . . *i.* Sich geleichet nicht *o p n,* Mich ge-
leichet nicht *m,* Daz sie gelichet nicht *f.* 635. S[w] . . er
[*s*] . . er[b]en hiezze *i.* Swaz *f (i) n.* sie da werben *f.* (hiesse
*h o p f i n.*) 636. Das . . . . . a[i]ner liezze *i,* Daz daz ir

4

er enwurbe daz als er solde.
Mit gût er daz verscholte
beide vor vnd ouch hin nach.
640 Er sprach 'nv lat v̊ch we-
sen gach:
ir sult rennen vnde draben,
zeltens múget ir niht ge-
haben.
Merket waz ich v̊ch wise:
so ir kvmet hin zv̊ Loyse,
645 ir sult ime sagen den dienste
min
vnde daz ich immer wolle sin
gar sin eigen dienst man:
wo mide ich mag vn immer
kan
wil ich nach sime willen
leben:
650 vnd bidet mir herberge ze
geben
fumfhvndert rittern vnd
baz.' (125 a 31)

Denn er, Wi., und R. nebst Be-
gleitung würden alsbald bei Hofe
erscheinen. Damit entlässt er die
Boten.

Die boten waren vf dem
wege. (125 a 51)
Ob Rennewarte were in
freuden pflege?
Ia er waz mit herzen fro
655 daz sich sin dinch fügte so
daz er gnaden sich ver-
sach.
Hin zv̊ Willehelme er do
sprach .... (125a 56)

Folgt erneute Danksagung R.s und
erneuter Ausbruch seiner Ungeduld.
W. verspricht ihm, dass sie schon
morgen aufbrechen wollen.

Des freute sich do Renne-
wart: (125 b 20)

---

keinor lize *n.* (ir *h o m p f [n].*) da] das *h m, dez f, fehlt o p.*
enliez *m*, enliezo *f*, liesse *h v p.* 637. [E]r . . . . . . . . s er
solte *i.* en- *fehlt o.* daz] iz *o p h* (enwürbes *h*), *fehlt m f n.* als]
reht als *f.* 638. *fehlt m*, Mit . . . . . . . . . . . . scholte *i.*
daz] daz wol *f.* 639. P[a] . . d . . v . . . . vnd . . . . hin
nach *i.* ouch hin *fehlt o m p n.* hin *fehlt h f.* nahe : gahe *o.*
640. Er [s] . . ach n[u lat] . . . . esen gach *i.* uv] vnd *m*,
*fehlt o p.* (ev *m.*) vch trossen gar *n.* 641—642 *fehlen o p.*
641. I . . . . . . . r[e]nne . . . . . . . [aben] *i.* reiten *m.*
tragen *h.* 642. . . . . . . . . . . . . . . . . . [chaben] *i.*
haben *m f.* 643. [M]e . . . . t wes ich ew weise *i.* wes *h i.*
v *n.* euch an wise *f.* 644. Als ir *i.* hin *fehlt o p f i.* Loys
*m.* 645. ime] in *i.* 647. Loch statt G *i.* 648. Swa ich
. . . b ode[r] chan *i.* wo mide] Swo (Swa *f*) mit *n f*, Swo *o*,
Swa *i*, Wo *m p*, Mit wie *h.* vn immer] vnd ymmer *h*, vnde
*o m p n*, vnd auch *f*, oder *i.* 649. sinē *n.* 650. bite *n.*
herber *h.* zo *fehlt h o m p f i n.* 651. ritter (ritte* *n*) *h o m n.*
vnd] oder *h o m p f i n.* 652. den *h n.* 653. Ob Rennewart
do freúde pflege *h.* Rennewart *h p f n*, Rennwart *o i*, Rennbart
*m.* 654. mit] von *o m p f n.* 655. (fügt *i*,) gefueget (ge-
fügte *p*) *o m p f n.* also *m f i.* 656. Do er *o m p.* gnade
*h m n.* 657. Ze dem margrauen er *i.* Hin *fehlt o m p f n.*
Wilhalm *k m*, Wilhalmen *o f*, Wilhelmen *p.* 658. Dez *auf Rasur*

sin hertze sanch der freu-
den don. —
660 Vnd waz ouch von der Na-
ribon
vnd gar der Franzoyser
schar,
die Loys hete gesendet dar,
hin zv̊ Mollivm kvmen.
Do hete daz Loys vernvmen:
665 des wart sine herze swere,
do er vernam diz mere.
In wundert waz er wolde.
Sin herze angest dolte:
sines komens in grozo an-
gest nam.
670 Heymerich tet daz im ge-
zam:
in sine herberge er reit.
(125 b 33)
Dort vertauscht er die Reifeklei-

dung mit einem reichen Hofgewande
und begibt sich dann zum Könige
Loys, um Rennewarts Werbung aus-
zurichten.

Ich schliesse noch einige Stücke aus
anderen Theilen des Gedichtes an, zu-
nächst:

## IV.

Aus dem Verzeichnisse der Hülfs-
truppen, welche Terramër zu einem
neuen Feldzuge gegen die Christen
aufbietet.

Von Tamach kvnig Vavar
(165 b 18)
zehen tusent ime brahte.
Dem keiser niht versmahte,
675 qvem ime der von Vngern
sam,
der ime noch nie zv̊ dienste
qvam,
noch der kvnig von Engel-
lant:

---

*o.* (fräut *i.*)  Rennwart *o i*, Rennbart *m*. 659—660 *fehlen*
*o p*. 659. Sein hertz das sang *h*, Vn̄ sang sin herce *n*.
660. Vnd] Nv *i*. von der] der *h*, der von *m f i n*. Narybon *i*.
661. gar] all *o p i*. der] van *n*, *fehlt m*. Frantzoyser *h m*,
Frantzoiser *o*, Franczoysere *p*, Franczoyser *f i*, Frauzoysir *n*.
662. [Die . . . . het] *(von* Loys *nur noch der rothe Strich durch das*
L *übrig)* *i*. (hat *h*, hatte *n*.)  663. H[in . . M . . n] le[v]ne
chomen *i*. Hin Zemunlewe *h*, Do si so (so *fehlt p*) bin zu Mulin
(Mulyn *p*) *o p*. Munlevn *m*, Mvnleyne *f*, Moulevn *n*. vol chomen
*f*. 664. Do ez het Loys *o*, Do es L. het *p*, Di hette L. *n*.
das kaum noch lesbar *i*, *fehlt m*. Loy[s]e *i*. wol vernomen *f*.
665. was *n*. swere] fivere *p* (?), vil swère *f*. 666. diz] das
*h o m p*, di *n*, der potschaft *f*. 667. Im *p*. (wunderte *h n*.)
wundert sere waz *f*. 668. hercze hart in angest *f*.
669—670 *fehlen o p*. 669. *fehlt i*. Sein kumbers *h*, Dits
chomens *f*. grosser *h*. 670. Hainrich *h*. Haimreich *m*, Heym-
rich *f*, Hainreich *i*, Heymerich *n*. der tet *n*. daz] als *i*. zam
*n*. 671. in] Hainreich in *o*, Heimrich in *p*. herberge] here
*o*. er] er do *f n*, *fehlt o p*. e rait *auf Rafur o*.
IV. *Verglichen sind* h o m f n s, *aber zu* 681—83, 692—3,
703—6 *nur* m n s. 672. Thamalch *h*, Thamach *o f*, Chamach
*m*, Talmach *s*. Vauar *h s*. Vanar *o m n*, Favar *f*. 673. ime]
er im *m*, im dar *f*. 675. der] da *m*. Vngerne *h*, vnnser *s*,
*fehlt m*. 676. doch *o*. ze disto *o*. 677. Engelaut *o n*.

die solden beide von siner
　　hant
ze rehte haben ir cronen.
680 Penys von Gavsaronen
der brahte ritter vngezalt.
Do iach der kvnig Tybalt
zweinzic tvsent oder baz.
Von Sarie Man niht vergaz,
685 er enqveme so kvniclichen
　　dar —
wie kein anderer. Auch feine Begleiter errangen im Kampfe stets den Preis
vor vs vnd niht hin nach.
　　(165 b 43)
Von Sarie der kvnig Mach
warb nach prise vil vaste.
— —
— — — (wol getan, c 17)
Von Gschulte Matusalan
　　(165 c 18)
690 der brahte drizic tusent dar.

Auch kam ein König hergezogen
der waz geheizzen Blůme.
　　(165 d 7)
Nach ritterlichem rům̊e
warb er alle sin tage.
Von dem selben kvnige ich
　　sage
695 daz er hies ze rehte flur:
er waz den vienden ein
　　schur.
Sin lant daz hiez Ivrgie.
　　(: drie)
ferner kamen
der kvnig Zesar von Karke
　　(165 d 27)
und nach ihm zwei andere Könige:
der ein der hiez Panfalie
　　(165 d 37)
700 vnd sin brůder kvnig Thysie.
Ir lant daz hiez Tscha-
　　schoye. (: Troye)
Weiter der König

---

679. haben] von s. ir] di n. crone (ebron m) h o m f s.
680. Penis h f s, Denis o m n. Pansarone (oder Pan — ?) s, Gansarone h, Ganserone o n, Ganseron m, Geneczerone f. 682. Doch m n z. lag s, praht m n. der fehlt n. 683. ode' me baß s.
684. Sarye f n. Mach von Sirie h. Ma von Syrie s, Der von Syrie o. 685. en- fehlt o m f z. so fehlt f s. chunichbleich(e) m n. 686. Vo o. vs fehlt m n. hin] in n. 687. Sirie h, Syrie o s, Saryc f. 688. Sprach o m. vil fehlt z. 689. Glesuldo o, Glesult m, geslehte f, Glesulte n. Matuslan h, Matusalam o und ursprünglich n, in der dann aber das m durch Rasur zu n gemacht ist, Marusalan (so wohl wirklich, wenn auch t und r in der Hs. ähnlich find) s. 690. Die brahten f. 691. Er f. Plume f, Blueme m, Blvme f, Plueme o. 695. hies] das s oben hinter e nachgetragen l. ze] van n. reche z. flur (: schur) h, flore (: schovre) m, flůr (: schur) f, flůr (: schůr) o, flůr (: schůr) z n. 696. Wan er was der veinde schůr o m f n. 697. daz fehlt h. Iurgie h s, Iuricy o, Jvrei m, Iurie f, Norie oder Jorie (an dem ersten Buchstaben herumkorrigirt) n. 698. Zar sar o, Zasar f n. Cesar s. Zarsavou Charch m. 699. Der hiez ainer o m, Der eine hiez f s. Pausilie h, Pamphilie o, Panphalie m, Pauphayse f, Pamfanie n, Panfile s. 700. kvnig fehlt s. Thisie h, Tisye (Cis — ??) f, Chysie n. 701. daz fehlt o m. Thenthaschoye o, Tentha-

Karral von Mondodone
(166 a 19)
mit 40000 rüstigen Kriegern.
Wollet ir, ich han gnůc
geseit (166 a 30)
von sines hers flůte.
705 Nv furhtet dez min gemůte
daz ez ůch lihte ver-
driezze
vnd mir ettelicher schiezze
ein sper daz ich tihte diz
werc.
Nv kom gevarn ein getwerc.
. . . . . . . . . . . . . . . . .
710 Daz getwerc hiez Pelyse:
(166 a 42)
Palmasor hiez sin lant.

V.
Willehalms Eltern find gestorben.

Von feiner übergrossen Trauer lässt
W. endlich auf Kyburgs Zureden.

Nv begvnde er aber wesen
fro: (223 a 45)
wan ez stat in der werlde
also
daz ie des todes minne
715 ie in des mannes sinne
sich flizzet aller tegelich.
Ich von Tvrkeim Vlrich
han so liebe frvnt verlorn,
moht ich von leide han
erkorn
720 den tot, ich were lange tot.
Des kuniges tot schuf mir
die not,
daz frevde mir kunde ent-
wichen:
ich meine kvnic Heinrichen;

---

schoye *m*, Tautaichoy (Canc — ??) *f*, Tentaschoyo *n*, Sebaschoie
(— tboie??) *s*; *h* = *l*, doch könnten in *h* der dritte und allenfalls
der fiebente Buchstabe auch als t, der drittletzte auch als o gelefen
werden. 702. Karal *h f n*, Karralon *o m*. Mindodone *o n*,
Mindon *m*, Mvnde done *f*, Mandodone *s*. 703. gnůg *s* gesayt
*s*. 704. hers] meres *m*. 705. furhtet dez] varichtens *m*.
706. ez] sein *m* (, is *n*). lihte *fehlt m*. 707. iegetlicher *f*.
708. Ein mer leugete ich daz werk *h*, Ain yper schosß dez kurtzo
iebs were *s*. spel *m*. diz] die *o m f n*. 709. kamen *s*.
710. hiez] das hieß *h n s*. Poleiso *o*, Poleys *m*, Peelyse *f*, Peliso
*n*. 711. Palmasore *h o f n s*. hiez] was *h*, daz waz *s*.
V. Verglichen find *h o m n E g* und zu einer Stelle (V. 731) p.
[Von *o* fehlen vielleicht einige unbedeutendere Varianten.] 712. Nv
beg. er] Vnd wil [als Worte W*i*.s wie das Vorhergehende] *m*. wesen]
syn *g*. 713. so *h E g*. 714. Das todes mannes minne *h*.
io des] ienen *E*, des *g*. 715. io *fehlt o m n*. 716. flissont *h*,
sliuzet *E*. aller] alle *h*, so *g*. 717. von] vor *n*. Turheim
*h E*, Turbaim *o*, Tvrchaim *m*, Torhcim *n*, Tvrheym *g*. V°lreich
*m*. 718. lieven *g*. so vil vriunde *E*. 719. Moch *h*. ich
nachgetragen von anderer Hand *n*. von] mit Fragezeichen in runder
Klammer im Abdrucke von *g*, vor *o m*. 720. ich were] so were
ich *n*. 721. die *fehlt g*. 722. mir chund vrevd *o*, mir freud
chund *m n*, mich freude kunde *g*. 723. Hainrichen *h*, Hain-
reichen *m*, Henrichen *n*, Heymerichen *E*, Heynrichen *g*.

des han ich immer schaden.
725 Da verlos ich an zwein
  Cvnraden
daz ich niht wol vber winden
  kan.
Was niht wol ein gepriset
  man
von Winterstein der schen-
  ke?
Daz got an im niht wenke,
730 er enhore die engel singen.
Da was der von Erringen,
daz er niht tevrer mohte
  wesen.
Die hat der tot hin zv im
  gelesen,
mine besten frevnt die ich
  ie gewan.

735 Ich selb niht entwenken
  kan,
ich en mûzze varen nach in.
Got herre, gib mir der sin
daz ich dine hulde erwerbe
vnd niht in svnde sterbe.
740 Vnd minem herren von
  Nifen:
swaz sie mohten begrifen,
daz was allez hin gegeben.
Daz sie niht beide solden
  leben!
Des hilf mir, reine selic
  maget — *ufw*.

## VI.

Nachdem der Dichter die Geschichte Malfers, des Sohnes Renne-

---

724. immer] imer mere *h*, huide und ummer *g*. 725. Doch *g*. Kunraden *h*, Chunraden *m*, Couraden *n*, Cûnraden *E*, Conreden *g*. *Hinter V.* 725 *wiederholt h den V.* 724 *in der Form:* Deß muß ich haben ymer schaden. 726. ich nummer verwinden *n*, ichs neit verwinnen *g*. 727. Der eine was ein werdir man *(am Rande nachgetragen, der Anfang dieses und der Schluss des vorigen Verses auf Rafur) n.* Was er nicht *m*. ein wol *m*. gepreister *o*. 728. Va.... Vinsterstete *(von u bis dicht an V Rafur) n*. Winterstetten (oder — em?? oder — ein??) *h*, Wintersteten *o E*, Vinstersteten *m*, Wintersteden *g*. der] de *h*. 729. icht *o*. 730. enfehlt *o m*. 731. So *o m n*. von *fehlt g*. Entringen *o m n*, Entringen *p*. 732. tuire *h*. dore *g*. tewer nicht *o m*. (wese [Strich üb. d. letzt. e vergessen] *n.*) 733. hin *fehlt o m n*. hin zv *fehlt g*. im] in nv *m*. 734. Myn best *g*. besten *fehlt o n*. All mein freunt *m*. ich *fehlt h*. 735. selb] selber *h*, selb im *m g*. entrinnen *m*. 736. on *fehlt h o m E g*. nach] mit *g*. 737. Herre got *o*. Goth herre nu gip *n*. geift *g*. den *h m n E und wohl gewiss auch o*. (sen *g*.) 739. sunden *h m n E g*. sterbē *n*. 740—743 *fehlen h*. 740. mein *o m g*, mine *n E*. here *g*. Neiffen *m*, Nyfon *E*, Nyffen *g*. 741. (So wat *g*,) Waz *o*. 742. hin] en *n*. 743. Daz die dort mit sælden lebon *o m n*. 744. Helf mir dez got · vnd di rain maget *o*. Das *h*, So *g*. reine selic] vil selich *m*, vil reine *n*.

VI. *Verglichen sind h E o n und zu V.* 745—767 *z*; *h und theilweise die anderen Hss. nach Lachmanns Abschrift von l. Für die VV.* 768—803 *hatte ich ursprünglich den Text indirekt gewonnen (mit Hülfe der Varianten von l zu dem entspr. Textesstücke von E), später hat ihn

warts, zu Ende geführt hat. geht er
über zum letzten Theile feines Ge-
dichtes. der Erzählung von Wille-
halms Mönchsleben und Ende.
745 Wollet ir nv horen mere gvt,
 (256 a 13)
so twinget hertze vnd mvt
daz sie daz gerne horen.
Ich wil doch schiere horen,*)
daz ich kein getihte mache:
750 ich wil leben mit gemache
vnd nimmer bvch getihten
me.
Wizze fvr war ez tvt we
swer grozze mere tihtet.
Nv hat sich min sin ver-
pflihtet
755 daz ich daz bvch vol spreche
gar
vnd ez mit worten bringe dar
daz ez sol ein ende nemen.
Des kan zv tvne mich ge-
zeinen.
Nv getruwe ich gotes gvte

760 daz er mir min gemvte
an svzzen sprvchen twinge,
daz ich ez an daz ende
bringe,
daz ich blibe ane schame.
Ich worhte samfter an der
rame
765 (vnd het ich in der kintheit
minen fliz dar an geleit)
danne ich svzze tihten sol.
Ich weiz fvr war daz got
vil wol
kan der sinen schone
pflegen.
770 Wie rehte er sie hat ge-
wegen
daz Wille*hel*mes geswigen
was
vnd ein wort nieman von
im las,
vnd sagte niht wan von
Malfern.
Nv wil *got des* niht enbern

---

*Prof. K. Zaugemeister gütigst nach der Hs. l verbessert.* 745. Welt
*E.* 747. sie daz] sie es *h z*, siez *E n*. 748. horen] uv horn
*m*, vf horen (vf *später über der Zeile nachgetragen*) *n*. 749. daz
ich k.] Wz ich ibt *z*. 750. Wann ich *z*. 752. Wizzet
*h E z n*. ez] daz iz *n*. 753. Wär *z*, Der *n*. 754. gepflichtet
*z n*. 755. diz *E n*. woll spräch *z*, wolle sprechen *h*. gar
*fehlt E*. bringen *h*. bringe dar] zeebe *E*. 758. Dz *z*, Da *h*.
760. er] sie *h E*. 761. svzen sprvche *v*, süze sprücbe *E n h*,
süß rede *z* 762. ibz anz eude *E*, ichz so anz ende *n h*, ich
ez an daz ende so *v*. 765. ich] ichs *n*, ez *E*. 767. Dan
daz ich *n*. 768. *Zwischen* daz *und* got *durchstrichenes* ich *in l*.
770. her sichs hat *n*, hat erz *E h*. 771. Willehalmes *E h n*
*und sehr wahrscheinlich auch l selbst*. 772. von im nieman *h*.
773. Vn alliz seito vn Malifern *n*. seito *E* (*n*), seit *h*. 774. Nu
enwil got des *E*. des got *v n und sehr wahrscheinl. auch h und l*

*) horen *bedeutet hier* 'aufhören'. So öfters bei Ulrich. Ich führe
ein paar Belege an, weil mehrfach das Wort an dieser Stelle unverstanden
geblieben ist (Roth wollte *'toeren'* ändern und Pfeiffer fügt ein *'fo.'* zu):
*Ich wil hoeren, ez ist genoc* ▼ (Nr. 6 b, Bl. 7 b 41); *Kyburg, nr hore, ez
ist genuog* l 124 c 2; *Wil her der redde nicht horen* n 272 d 13. Vgl. auch
Mhd. Wb. I. 712 b 45 ff. und Lexer I 1340.

775 er ensi der aventevre wirt,
daz im daz bvch wider wirt
rehte in der besten zit.
Dar an vil siner selder lit
daz allez daz in frevden stat
780 daz wehset oder daz leben
hat.
Daz kv̊met ouch mir zv gvte.
Ich wil mit gvtem mvte
daz min kvnst vnd ouch
min sin
zv rate werden vnder in,
785 daz ich daz ende so gesage,
daz ez gvte vnd evch be-
hage.
Wan ez get nv an die mere
die zv hǒrenne werdent
swere.
Sie sagent von grozzen lei-
den: (256 b 1)
790 sich wellent zwei gelieben
[Willch. u. Kyburg] scheiden,
die so geliebe waren,
daz sie beide gar verbaren
swaz leit dem andern fv̊gete.
Ir dewedern sich nie genv-
gete

795 des andern sv̊zzer minne
mit hertzen vnd mit sinne.
Ir truwe was an ahte.
Daz sich ir liebe nie mahte
von ein ander scheiden!
800 Die liebe was an in beiden
daz ein wunder lac dar an.
Keinem wibe wart nie lieber
man
noch gewan nie man lieber
wip. (256 b 15)

## VII.

Schluss des Gedichtes. Willch.
ist gestorben, feine Seele ins Para-
dies gefahren. Seitdem hat er durch
feine Fürbitte bei Gott manchem
Ritter aus der Noth geholfen. Gott
hat viele Wunder durch ihn gethan,
er hat ihn erhöht und ihm gelohnt
wie keinem andern Menschen. *Sin
lop niht höher mac gegàn:*
er tet waz dem prise zam.
(271 a 15)
805 Von Eschenbach her Wol-
fram
vnd ich von Tvrkeim Vlrich
han sin warez lob vil rich
mit worten geseit so vil

---

felbst (vgl. Kohl, Zu dem Willch. l'. r. T., Halle 1881, S. 31). 775. en-
fehlt h. 777. besten] blůnden E, bunden [schon Lachmann fügte bei
'(i. e. blůenden?)'] h. 778. selden v E k n. 780. weschet
v. Das zweite daz fehlt n. (784. Ze v h.) 786. iv (v) E n.
(787. gat h.) 790. wollent v h, willent n. 791. geliebet
E h n. 792. (beidiv E.) gar] daz n 794. ietweders E h,
iklich n. 795. suze k n. 796. herze v. (797. ane E h.)
798. nie] ie E h 799. gesbeiden E n. (802. Keine v n.)
803. mau nie E h.
VII. *Verglichen find* h o m n z, *ferner zu V. 804—811 g und
zu 836 bis zum Schlusse p und e. (m nach Hoffmann, Verz. d. Altd.
Hss. in Wien S. 40 f.)* 804. swaz m n. gezam o m z.
805. Eschebach n, Eschelbach z Wolveram n, Wolffrå z.
806. ich] auch m. von *fehlt* n. Türhaim h z, Turhaim o, Thor-
hoim n, Turingen g. Vlreich o, V°lrich z. Tuchaim v̊lreich (fo!
n i c h t, wie bei Hoffm. steht, Turhaim vlreich) m. 807. sin ware
n, einen waren g. warez *fehlt* m z. 808. gesprochen also vil

daz ez mizzet fvr daz zil
810 der maniger bi im lebte
vnd ir pris vil hohe swebte.*)
Wie kunde im gelingen baz
wan daz er daz paradys
besaz
mit fvrstenlichen eren?
815 Got mvzze vns alle leren
daz wir sine hvlde gewinnen
e wir scheiden von hinnen.
Des helf vns sand Willehalm
vnd erhore minen galm
820 vnd erkenne die arbeit
die ich han an ditz bvch
geleit
dir zv dienste, herre min.
Nv tv mir dine hilfe schin,

daz mine sele werde rat.
825 Daz ich bin sin hantgetat
daz sol sin gv̊te erkennen
vnd mich da hin beñennen
da wonent die da sint ge-
nesen,
vnd daz ich bi im mvzze
wesen
830 so sie der engel wise
hin zv dem paradyse.
Des hilf mir, reiner markis,
sit dv so liep gote sis:
des rvche mich geniezzen
lan
835 da ich pfant noch bvrgen
han.
Hie hat ditz bvch ein ende.

---

n. 809. Dz es verre *(in der Hs.* veïet, *das* t *ausgestrichen)* musset *h*, Dat he verre mysset *g*. daz] die *g*. 810. Für mängn̄ by min°r zit hebte *s*. Da *g*. im] mir *o m*. 811. Und in hogen prise sweiffte *g*. Der pryß och vil *s*. ir] in *m*. 812. kinde *h*, mochte *n*. 813. Dañe *h*. gesusß *s*. 814. furstlichen *o m*, fürstelichen *s*. 816. gewinn *m*. 817. E danne wir *h*, E daz wir *o m n s*. uv schaiden *m*. vou *fehlt o n*. hinn *m*. 818. Wilhalm *h o m*, Wylhalm *s*. 819. onhor *m*. 820. Vn̄ mnze irkenne arbeit *n*. 821. an dyß bũch hon *s*. ditz] daz *o*. 823. deiner *h m*. 824. meiner *h o m n s*. 825. Wan ich *o m n s*. dein *o s*. 826. dein *o s*. (erchenn: beneun *m*.) 827. beñeme *s*. 828. wonent] *ursprünglich* wa --, *dann aber scheint das* a *zu* o *gemacht. zu fein l.* 829. in *o m*, eu *n*. weß *s*. 831. hin zv dem] Hintze dem herre [h᷑re] *h*, In daz vrone *o*, In daz suezz *m s*, In daz *n*. 832. reiner] lieber *o m s*, heiliger *n*. *Zwischen 832 und 833:* Hilf mir der sel genist *m*. 833. sit] So *h*. so] uv so *m*, *fehlt h n*. gotes *h o*. pis *o*, bis *n*, pist *m*. 834. gemezzen *(fo, nach Hoffmann) m*, genizen (eu° *auf Rasur) n*. 835. Daz *o m*, ich weder pfaut *o s*. purgel *m*. 837. 836. e. 836. Hie hat]

*) Zu 808—810. *der scheint* = eorum quorum, *rnd ir* = quorumque, *der Sinn also folgender 'dass er höher gepriesen ist als seine nicht wenigen auch hochpreiswerthen Zeitgenossen'; vgl. Wend ich e hi nennen wil Des schoende lif ror an daz cil Di da weren an den tagen* n 240 c; *und wegen mezzen in dieser Verwendung: So ist min swester Kyburg An wibes schoene i so kurz Daz kein schoende vor si mizzet* n 314 c; *Van grozer richeit also vil Solt ich mezzen an daz zil Ix drehte vch lichte eyn vnou°g* n 278 b.

Ditz bvch zv boten ich sende
an sie die er horen oder
lesen,
daz sie mir bitende wesen
840 der sele heiles hin zv gote;\*)
so mir kvmt des todes bote,

daz sine gvte des gezeme
daz er mich in sin riche
neme.
Der gemachet hat Adamen
845 der gervche vns geben sin
amen. (271 a 56)

Und hat hie *e*. daz o *e*. 837. Daz ich ze poten sende *o*, Daz ich mit flize sende *n*. ich ze poten *m*. 838. an sie] Ouch die *s*, Im sio *e*. er] es *h o m p n s e* (diiz [*für* die er] *n*). (heren *s*.) oder *fehlt o m p s e*. 839. bitende] pittn und *e*, wollen bitende *s*, winschende *h*. 840. haile (hail *e*) *o m p s e*. 841. kume (kom *e*) *h o p n e*. *Zwischen 841 und 842*. Ditz pueches (Diez buch *p*, Der ditzes puech *m*, Der dyß buches *z*) chunde (chunn *m*) pflegen Volkmarus (Volchmarus *m*, Volkmar *p*, Vollnar [*das zweite l zweifelhaft] e*, Volgmarus *s*) von Podenswegen (podenis wegen *m*, podon swebenn *e*, bodemswegn *s*) Mit vorchten (worthten *e*) dar zv mit (init *e*) sinne Waz (Was *p e*, Wz *s*) ob Hainreich (Haimreich *m*. Heinrich *p*, Hainrich *s*) doz huld gewine Dem ditz (*so in o.!*) puech wirt gesant Her markgraf Ott (Ode *p*, Ött *e*, Otte *s*) seit (bind *s*) gemant *o m p e s*. 842. Vnd daz euch (ev *m*, des *p*, *fehlt s*) gotez guet gezem *o m p s e*. gvte *fehlt h*. 843. er mich] der mich *n*, mich der *h*, er euch vnd mich *o m p e*, er mich vnd iuch *s*. in s. r.] zv im *o*. 844. genadet *p*. 845. ruche *h o e*. sein huld amen *o p e*.
*Nach dem Schlusse haben einige Hss. noch verschiedene von den Schreibern zugefügte Anhängsel:* Amon. Amen. Amen. Amen. *m*; *o hat das Schlusswort* Amon *auf einer besonderen Zeile, mit Initialen geschrieben und roth verziert, darauf noch die Worte:* Laus tibi christe Rennwᵉrdus explicit ist. Finito libro sit laus et glia xpō. *h fügt zu* Te deū laudaOL *te dmj* 7fitem2 *In s unterzeichnet sich (wahrscheinlich der Schreiber)* Gabryel sattlᵉr, *dann folgt ein Bild. e schliesst mit 9 Schreiber-Versen:* Hie hat das puech ein ennd Got im den kümber wennd Der es Schreybenn bios *usw. f. Anz. f. K. d. D. Vorz. 1855, 252.*

\*) Vgl. Hartm. Arm. Heinr. 23 f.: *daz er im bitende wese der sele heiles hin ze gote.*

## 4. Verwandtschaftsverhältnisse.

Zur Begründung der Textklassifikazion, wie ich fie im Allgemeinen bereits oben am Schlusse des 2. Kapittels aufgestellt habe, wird es genügen, wenn ich im Folgenden nur einige der wichtigeren Belegstellen hervorhebe: diefelben laſſen fich aus dem im vorigen Kapittel gegebenen Materiale mit Leichtigkeit erheblich vermehren. Was Kohl in Zachers Zeitschr. XIII, namentlich S. 488 und vorher über das gegenfeitige Verhältniss der Hss. l k z n m o an- und ausführt, wird durch die folgenden Erörterungen richtig gestellt; ebenfo was Roth, Rennewart, an verschiedenen Stellen über das Hss.-Verhältniss vorbringt.

1. Unter den 9 Hss. l v h i f n m p o zeigen zunächst die 5 letzten fo häufige Übereinstimmung in ihren Fehlern und fonstigen Eigenthümlichkeiten, dass fie fich als Glieder einer enger verwandten, von einer gemeinfamen Stammhs. abgeleiteten Gruppe deutlich kennzeichnen.

V. 95: *gerochten* o m p f n, *geschritet* h, *gestridin* k, *gestricket* l richtig: der Sinn der Stelle ist 'mit dem Zurechtbinden von Helmschnüren habe ich mich bisher nicht abgegeben.' — V. 139: *huffe* o m p f n, *hchsen* l h k. — 198: *Mit suezzer red an den stunden* o m p f n, *Mit sûzen (süzze* l) *reden mrnden* l h i. — 293: *dem reiche* o m p f n, *dem rechte (rechten* h) l h i. — 314—315: *Swer (Wer* p) . . . ., *Dem gebt* o m p f n, *Ůwer pris* . . . .' '*Nein, gebet* l h i. — 402: *mein geruechte vnd* o m p f n, *gerûht niht* i, *niht gerûhte* l h. — 460: *mir* o m p f n, *dir* l h i. — 498: *zweifels* o m p f n, *ziles* l h i. — 548: *E: douchte dich* o m p f n, *Dich duhte niht* l h v. — Ausser in folchen offenbar fehlerhaften Lesarten stimmen o m p f n wiederholt auch überein in der Auslassung echter und Einschiebung unechter Verfe. V. 372: *Daz mûter kint geweinet (bewainet* h i) l h i; der Vers fehlt in o m p f n. Im folgenden Verfe ist der Schluss *han gemeinet* l h i von o m p f n in das für die gewöhnliche Rede etwas flüssigere *gemainet han* geändert und dann ein hierzu passender Reimvers (*des sult ir nicht enlan*) eingeschoben. Alle diefe Aenderungen gehen doch wohl unzweifelhaft auf die gemeinfame Stammhs. von **ompfn** zurück. Von derfelben weicht allerdings o dadurch ab, dass fie ftatt des angeführten Einfchubverfes, der auch in ihrer Vorlage fich gefunden haben wird, einen andern bringt: *Daz sullt ir also verstan.* Der Grund ist klar: da **o p** auch die Verfe 374 und 375 auslassen, wird der hierdurch unmittelbar an V. 376 heranrückende Einschubvers, welcher dem Sinne nach eng mit dem (modifizirten) Verfe 374 zufammengehört, finnlos. **p** nahm daran keinen Anstoss, **o** stellte durch Umänderung des Einschubverfes und leichte Abänderung des nun darauf folgenden Verfes 376 mit leidlichem Geschicke einen erträglichen Sinn her. — Der Vers 379: *Vnd (Ich* i) *weiz wol swer ez (wers* hi) *an sie lat* lhi ist in **ompfn** ausgelassen, dann find die Reimworte der fo aneinandergerückten Verfe 378 und 380 durch nahe liegende Änderung in Übereinstimmung gebracht, und schliesslich ist dem reimlos gewordenen Verfe 381 durch einen hinter ihm eingeschobenen *ad hoc* fabrizirten Vers zu feinem Rechte verholfen worden. Vielleicht handelte der Änderer mit Abficht, weil er den V. 379 nicht verstand. Der Sinn der Stelle wird diefer fein 'ich möchte keine andere haben als fie, die mein Herz befitzt, und ich weiss wohl, dass wenn man es ihrer Entscheidung überlässt [über '*ez an einen lāzen*' f. D. Gramm. IV. 828 und Lexer Wb. I. 1844; vgl. u 272 b: *Swes sich darvmme si bewegen* (wozu fie fich entschliessen), *Daz muze wir lazē gar an si.*], fie mir den Lohn (meiner treuen Liebe) nicht verfagt.' Was der Änderer mit feinem nach 381 nothgedrungen eingeschobenen Verfe meinte, ist mir — war vielleicht ihm felber — nicht recht klar. Es müsste denn fein, dass er feinen Witz hätte walten lassen wollen und in den Worten feine Freude und Genugthuung ausdrücken über die gelungene Textesverbesserung: 'fo ist die Rede kurz und klar!' — Die (in lhi erhaltenen) VV. 491—492 werden von **ompfn** ausgelassen, und da hierdurch die Reime auf 490 und 493 fortfallen, wird letzterer zum Reimverfe von 490 umgestaltet.

Die vorstehende Auswahl gemeinfamer Fehler dürfte hinreichend die Richtigkeit der Annahme erweifen, dass **ompfn** auf eine gemeinfame Stammhs. zurückgehen, in welcher jene Fehler fich bereits vorfanden. Ich bezeichne diefe Stammhs. durch γ.

Verfolgen wir nun die weitere Gliederung der fünf zur Gruppe γ gehörigen Hss., fo stellt fich alsbald heraus, dass drei derfelben **o m p** unter einander näher verwandt find als mit den zwei übrigen: **o m p** gehen auf eine gemeinfame von γ abgeleitete Stammhs. zurück. Dies beweifen eigentlich schon die von den dreien kurz vor Ende des Gedichtes zwischen V. 841 und 842 eingeschobenen 6 Verfe (f. oben die Variantenzufammenstellung), aus denen hervorgeht, dass ein *Volcmarus von Podensiwegen* die Stammhs. von **o m p** dem Markgrafen Otto von Brandenburg mit dem Pfeile durch einen gewissen Heinrich überfandte (vgl. Lachmann, Wolfr.' XXXV; Roth, Rennew. 114 ff. hat mehrere überflüssige und verkehrte Konjekturen). Kohl (Zu dem Willeh. U.s v. T. S. 69 = Zachers Zeitschr. XIII 486) meint zwar: u könne jene 6 zufätzlichen Dedikazionsverfe auch abfichtlich ausgelassen haben. Allein zum mindesten ist es nicht fehr wahrscheinlich, dass ein gewöhnlicher Schreiber aus kritischem Zweifel an der Echtheit jene 6 Verfe (felbst wenn er fie etwa in feiner Vorlage am Rande stehend fand) ausgeschieden und dann weiter den auf den Einschub folgenden und diefem zu Liebe umgemodelten Vers 842 *Vnd daz euch gotez guet gezem* wieder in die ursprüngliche und richtige Form *Daz sine gvte des geveme* zurückgeändert hätte. Zudem wird die engere Verwandtschaft der jenen Einschub enthaltenden Hss. bestätigt durch eine nicht geringe Anzahl von fehlerhaften Lesarten, welche fie den anderen Hss. auch f und n gegenüber gemein haben. Ich führe einige Beispiele an. V. 134: *Wan ich* **o m p**, *Ich* **l h n** (f hat die ganze Stelle nicht); das *wan* scheint aus dem folgenden Verfe in diefen gerathen zu fein. — 230: *vvælich sein* **o m p**, *frowen sin* f, *vvôden sin* n, *fremde sin* l h l richtig (das Nähere f. oben unter den Varianten). — 248: *ez* fehlt **o m p** gegen **l h f l n**. — 256: *kunick* **o m p**, *kint* **l h f l n**. 566: *Gotes* **o m p**, *Got* **l h f v n**. — 568: *Die* **o m p**, *Der* **l h f v n**. — 656: *Do* **o m p**, *Daz* **l h f l n**. — Ich bezeichne die gemeinfame Stammhs. von **o m p** durch μ.

Was nun weiter das Verhältniss von o m p unter sich und zu μ betrifft, so sind zunächst offenbar o und p mit einander näher verwandt als mit m. Denn o und p haben eine sehr grosse Zahl von echten Versen, die in m und in den andern Hss. erhalten sind, übereinstimmend ausgelassen. So fehlen z. B. in op und nur in diesen (von der mit op nahe verwandten Hs. x oder vielmehr deren Willehalm-Vorlage sehe ich hier ab; s. darüber den Anhang.) VV. 83—86, 103—104, 109—112, 125—126, 205—206, 232—235, 250—251, 274—277, 307—308, 311—312 usw. usw. Bei einer so langen Reihe gemeinsamer Auslassungen kann von dem weiteren Beweise der nahen Verwandtschaft von op durch Zusammenstellung gemeinsamer fehlerhafter Lesarten füglich abgesehen werden. Was das Verhältniss von o und p unter sich anlangt, so ist keine der beiden von der anderen abgeschrieben: o nicht von p, weil o einigemale echte Verse erhalten hat, welche p fehlen (VV. 226—227, 446—449, 452—457); p nicht von o, weil p vielfach den Text in der ursprünglichen Form bewahrt hat, wo er in o entstellt ist, z. B. V. 80. 79. o statt 79. 80 **I h m p f n k**; 117: *weibes kolten* o, *vnbescholden* **l h m p n**; 163: *mil in* o, *mit ime* **l h m p f i n x**; 313: *Nr* o, *Vnd* **l h m p f i n**. o und p sind also nicht geradlinig, sondern seitenverwandt, sie gehen auf eine gemeinsame (einen verkürzten Text enthaltende) Stammhs. zurück. Ich bezeichne dieselbe durch π. p steht dieser Stammhs. näher als o, welche den ursprünglichen Text weit öfter entstellt hat.

Dass π nicht etwa unmittelbar oder mittelbar von m abgeleitet ist, sondern selbständig auf μ zurückgeht, wird schon dadurch bewiesen, dass op mehrmals echte Verse erhalten haben, die m fehlen, so V. 74, V. 638. Auch haben op wiederholt den Text richtig erhalten, wo m ihn entstellt hat, z. B. V. 70: *eime ritter* **l h o p f n k**, *ein ritter tragen* m; 346: *cristenliches* **l h o p f i n**, *ritterleiches* m; und so öfters.

Innerhalb der Gruppe γ bleibt noch das Verhältniss von f n μ unter sich und zu γ zu erörtern. Manches scheint darauf hinzudeuten, dass f und n unter sich näher verwandt sind als mit μ; doch habe ich zureichende Beweisstellen innerhalb der von mir durchforschten Textestheile nicht gefunden.

Unter sich stehen f und n bestimmt nicht in geradliniger Verwandtschaft: jede von beiden hat oft Echtes erhalten, das die andere entstellt oder ausgestossen hat. — Je ein Beispiel genüge: VV. 115—137 und den darauf folgenden in obiger Textprobe nicht enthaltenen Vers˙ (1 120 c 9) hat f gegen l h m n k und (vgl. Varianten zu 125—126) o p ausgelassen; 187—191 find in n allein ausgelassen und durch einen Schreiber-Flickvers erfetzt. — f und n stehen der Stammhs. der ganzen Gruppe γ etwas näher als μ, und f wieder scheint hier, den Vorrang vor n zu behaupten. Zwar bietet f Abweichungen vom ursprünglichen Texte in erheblich grösserer Zahl als n und auch μ: aber diefe Abweichungen machen nicht den Eindruck, als wären fie die Folge einer grösseren durch mehr Zwischenglieder verurfachten Entfernung von der gemeinfamen Stammhs.; vielmehr scheinen fie das Werk eines nach einem bestimmten Systeme oder einer bestimmten Marotte ändernden Schreibers zu fein. Sie bestehen in einer Reihe von Vertauschungen gewisser Wörter mit ungefähr gleichbedeutenden oder ungefähr gleich gut in den Zufammenhang passenden, namentlich in der Erfetzung kürzerer und einfacherer Ausdrücke durch längere und umständlichere, häufig einfach bewerkstelligt durch Einschiebung von Flickwörtern wie *nu*, *wol*, *noch*, *rehte*, *vil*, *gar*, *ouch*, *do* u. dgl. m., oder durch Zufetzung mehr oder weniger passender Eigenschaftswörter zu den Hauptwörtern. Zahlreiche Beispiele für diefe Eigenthümlichkeit von f find mit Leichtigkeit in der obigen Variantenzufammenstellung aufzufinden.

Nach dem Gefammtergebnisse der vorstehenden Erörterungen würde fich das Verwandtschaftsverhältniss der zur Gruppe γ gehörigen Hss. bildlich etwa in folgender Weife darstellen lassen:

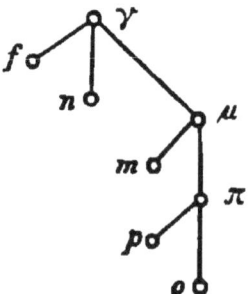

2. Was das Verhältniss der übrigen, nicht zu γ gehörigen Hss. (l h v i) betrifft, fo ist es unnöthig alle verschiedenen Möglichkeiten nach einander zu prüfen: zwei diefer Hss., l und v, fondern fich fogleich als eng zufammengehörig von den anderen ab. Sie zeigen eine fo weit gehende Übereinstimmung ihrer Texte, treffen mit fo feltenen Ausnahmen in den von den anderen Hss. vermiedenen Fehlern zufammen, dass nur die Wahl bleibt zwifchen zwei Möglichkeiten: entweder stammen l und v direkt von einander ab oder fie stammen gemeinfam von einer dritten Hs. ab. Ich gebe zunächst eine Auswahl l und v gemeinfamer Fehler. V. 530: *tot* l v, *not* m f n h. — 532: *an* l v, *vnd* h m f n. — Zwifchen 540 und 541 haben h m f n zwei offenbar echte Verfe (f. o. unter den Varianten), welche l v fehlen: das Auge des Schreibers, durch die vier auf einander folgenden ähnlichen Schlussworte beirrt, sprang von *wenket* auf das Schlusswort der drittfolgenden Zeile feiner Vorlage *schenken* über und schrieb diefes dem Reime zu Liebe in der Form *schenket* nieder, ohne zu merken oder zu beachten, dass er fo den Sinn der Stelle durchaus zerstört hatte. — 549: *mich* l v, *sich* h o m p f n. — 550 ff.: 1) *dich mine truwe*, 2) *volge mir*, 3) *mant* l v unrichtig, wie der Zufammenhang deutlich zeigt; die anderen Hss. haben das Richtige: 1) *mich din trewe* h m f n, *dein trewe mich* o; für diefes letztere, offenbar (wie der folgende Vers zeigt) nur verschrieben, *mein trewe dich* p. 2) *volge ich dir* h o m p f n. 3) *mane* h o m p f n. — Da v nur zu einem ziemlich kleinen Stücke der obigen Textproben verglichen werden konnte, will ich noch ein paar Beispiele von v und l gemeinfamen Fehlern aus anderen Theilen des Gedichtes\*) geben, wobei ich allerdings meist nur drei oder zwei andere Hss. mit v und l vergleichen konnte. (1) 115 d: Um den vermissten Rennewart zu fuchen, fendet Willehalm Ritter aus; die Worte, welche er an diefe richtet,

---

\*) Bei Heranziehung solcher Stellen, welche in den obigen Textproben nicht enthalten find, gebe ich hier und weiterhin jedesmal mit meinen Worten oder mit den Worten der Hss. den Zufammenhang der betr. Stellen lieber zu ausführlich als zu knapp an: ohne genaue Kenntniss desfelben lässt fich der innere Werth der betr. Lesarten nicht beurtheilen.

schliessen mit V. 14; mit V. 15 beginnt wieder die **Erzählung**: *Nv wider frr in* [den Rittern] *rf deme weye Rennewart wart vil vnmůdic: Sin hirne daz was gar ǐcdic* ufw. **v** l; *wart* fehlt n f h, was offenbar richtig ist, da *Rennewart* Subjekt zu *widerfuor* fein muss. — (l) 131 c 36—37 (Alife spricht zu Rennewart): *Swaz aber ez* (die Stimme welche fie mit R. hat reden hören) *dir seite (sete* l) *Daz min sin rnwise*. Für *daz* haben richtig *des ist* f n h. — 176 c 9 ff.: *Wizze daz din hin keren Mine (Min* v) *herze kan verseren Vnd nimmer e geheilet Biz got mir die selde zeiget Daz dich mine (min* v) *ouge erblicket* l v; *irteilit* (für *zeiget*) n h, *teilet* f. — 201 c 23: *Owe daz mich got werden hiz* n h; das Wort *got* fehlt v und l: *Owe daz mich werden hiez (Vnd niht sin gůte werden liez Daz ich nie were worden).* — 246 a 26 ff. (die von Malfer erlegte Riefin wird geschildert): ........ *Daz da heizet wibes schame* — hierauf ein leerer Raum für zwei Verfe (27 und 28) gelassen, dann (V. 29:) *Solde ich ein also schǒne brět* ufw. — fo in **v** und genau ebenfo in l. Die Verfe 27 und 28 gibt h fo: *Fud ir ist name Die was braiter dañ ain bernhütt.* n und p laſſen auch 2 Verfe aus, aber nicht 27 und 28, fondern 26 und 27; ebenfo (wenn meine Notizen hier genau find) m und o. Der leere Raum ist übrigens l und v allein eigenthümlich, o m p n haben ihn trotz der Auslaſſung nicht. — Endlich will ich noch erwähnen, dass in einer Reihe von Aüsserlichkeiten v und l eine geradezu auffallende Übereinstimmung zeigen. Die rothen Gemälde-Unter- oder Überschriften — in l, die keine Gemälde hat, zu einer Art von Abschnittsüberschriften geworden — find, soweit ich fie verglichen, fast immer wörtlich diefelben. Die zur Wort- und Sinnestrennung nur hin und wieder verwandten Punkte erscheinen in der Regel an denfelben Stellen. Ebenfo fast immer die gemalten Inizialen. Desgleichen diejenigen einem umgeklappten P ähnlichen Zeichen, welche, ursprünglich meines Wiſſens zur Andeutung eines Sinnesabschnittes oder des Wechsels der redenden Perfonen dienend, in beiden Hss. ziemlich zwecklos, aber in gewiſſen Abschnitten häufig wiederkehrend gefetzt werden.

Es ist wohl klar, dass die Gesammtheit solcher inneren und äusseren Übereinstimmungen nicht das Werk eines Zufalles sein kann, sondern die Folge engster Verwandtschaft sein muss. Welcher Art nun ist diese Verwandtschaft? Es gibt 3 Möglichkeiten: 1) v ist Abschrift\*) von l. 2) l ist Abschrift von v. 3) v und l gehen auf eine gemeinsame Vorlage zurück. — 1) v, die überdies etwas älter scheint als l, ist nicht Abschrift von l, denn sie hat mehrfach den ursprünglichen Text unverändert bewahrt, wo l denselben entstellt hat. Wenige Beispiele genügen. 118 b 38 ff. (Rennewart spricht): *Ich han mit schilte vnd mit sper Selten hohen pris beiaget: Min můt waz doch vnuerzaget Vnd minliche ellen* l; *minliche* ist Schreibfehler für *min manlich* v f n h. — 201 d 9 ff.: *Do der markis von ir* [seiner Gemahlin] *schiet Dr gotes gůte in beriet So daz sie kunde wisen Den reinen werden wisen* (so auch h n) *Rechte rf der straxen vart* v, . . . . . . . *Der reinen werden grisen* l unrichtig. — 246 a 52 f.: *Wan daz mir die veritas Half daz mir* (fehlt h) *der lib genas* v n h, . . . . . *Half daz ich genas* l. — 255 c 44: *Got dir manige trt* l unrichtig, *manige gnade* v n h. — 2) l ist nicht Abschrift von v, deren Fehler sie öfters vermeidet: 115 c 16 (Rennew. hat an die zehntausend Heiden erschlagen; es gälte schon, meint der Dichter, für etwas Ungeheuerliches, wenn das ein Mann thäte der 'sechs Stärken' hätte —): *Der er nie wan phlac* v, offenbar unrichtig; . . . . *wan einer (eine* n) *phlac* l f n h. — 132 a 8—11 (Die Königin hat ihre Tochter Alise und Rennewart morgens in der Brautkammer besucht; Alise spricht:) '*Muterlin, nv ganch hin dan, Wir wollen reden tougenliche.*' '*Vil gerne ich ůch entwiche*' *Sprach die kuniginne* l; die Verse 9. 10 geben auch f n h in dieser, v unrichtig in umgekehrter Reihenfolge. — 200 c 50 ff.: *Ez mrzen nv die heiden Also weten den Larkant Daz er* [so auch l! lies *ex*] *deme mere wirt bekant, Da der Larkant dar in da* [fehlt l] *rinnet. Der wete er da beginnet* usw. v; statt *weten* und *wete* haben l n h offenbar richtig *rôten* und *rôte*. — 3) Da also

---

\*) bzw. Abschrift einer Abschrift: die Möglichkeit von Zwischengliedern soll natürlich hier wie sonst durch den Gebrauch des Wortes 'Abschrift' nicht ausgeschlossen werden.

weder v von l noch l von v abgeschrieben fein kann, bleibt nur die dritte Möglichkeit übrig: v und l stammen von einer gemeinfamen Vorlage ab. Ich nenne diefelbe $\beta$. Wir haben bisher festgestellt, dass von den 9 Hss. l v h l f n m p o fünf, f n m p o, zu einer Familie $\gamma$, zwei, v l, zu einer anderen Familie $\beta$ fich zufammenschliessen. Wie verhalten fich nun die übrigen 2 Hss. i und h unter fich und zu jeder der Gruppen $\beta$ und $\gamma$, und wie endlich $\beta$ und $\gamma$ unter fich?

3. **i und h find unabhängig von einander.** Weder ist h Abschrift von i — als Beweis genügt es anzuführen, dass die VV. 183, 184, 669 i fehlen, während h fie mit den übrigen Hss. hat — noch auch stammen i und h von derfelben Hs. ab. Denn jede von beiden vermeidet fast ausnahmslos die offenbaren Fehler der anderen. V. 196 treffen scheinbar allerdings beide in recht auffallender Weife zufammen: *ril vnhône* l m n, *vnhône* o p, *niht mit hone* f, *wol gethane* h, *wol thone* [nach Roth] i. Aber die Stelle beweist gar nichts; denn VV. 195. 196 find in i stark abgerieben, zu dem *wol* feiner Abschrift bemerkt Roth felbst 'scheint *ril* zu heissen' und da *c* und *t* überhaupt kaum je in i zu unterscheiden find, steht in der Hs. vielleicht, wie die andere (Massmannsche?) Abschrift angibt, *chone* oder wie Zacher noch weit plaufibler vermuthet *v̄hone*.

4. **i und $\beta$ find unabhängig von einander:** i und l zeigen in den etwa 700 Verfen, die ich von ihnen verglichen habe, jede eine nicht unerhebliche Anzahl von Fehlern, aber nur ein einziges Mal treffen fie in bemerkenswerther Weife in einem Fehler zufammen: l 122 c 20 (schliesst an V. 504 des oben abgedruckten Textes an; Heymerich spricht): '*Ich werbe daz dinch bix an daz zil Ane allen valsch, nach trúwen reht: Ich machen disen krmber sleht. Swer mir des rates wider stat, Minen hax der mit dir hat.*' Für *disen krmber* haben h o m p f n richtig *dise crumbe*, i *dise chumber*. Der Fehler *kumber* lag an fich nicht fern: gewiss ist hier anzunehmen, dass die Schreiber von l und i unabhängig von einander jeder das richtige *krumbe* feiner Vorlage als *kumber* verlas oder, was noch leichter möglich war, verhörte. *dise*

*chumber* ì wird übrigens als Mehrzahl gemeint fein (wenn nicht *dise* für *disen* oder auch *chumber* für *chrumbe* einfach verschrieben ist).

5. Eigenthümliche Schwierigkeiten bietet die Bestimmung des gegenfeitigen Verhältnisses von ì und *γ*. In den bei weitem meisten Fällen vermeidet allerdings jede von beiden die Fehler der anderen, fo z. B. *γ* die von ì begangenen unter vielen anderen Fällen in V. 143 (*trüg*), 153 (*es*), 167 —168 (Umstellung und Abänderung diefer beiden VV.), 171 (*der margrave pei treuen*), 183—184 (von ì ausgelassen), 218 (*gan*), 306 (*ze raten*), 349 (*dem edeln*), 355 (*holt* von ì ausgel.), 363 (*rnd bat* von ì ausgel.) ufw. ufw. Die Fälle, in denen ì Fehler vermeidet, welche *γ* begeht, find noch weit zahlreicher; Beispiele f. o. unter 1. — Hiernach ist eine engere Verwandtschaft zwischen ì und *γ* nicht anzunehmen. Trotzdem aber findet fich eine nicht geringe Anzahl mehr oder weniger auffallender Übereinstimmungen von ì mit *γ* oder mit einzelnen Gliedern von *γ*. Einigermaassen zahlreich und erheblich find hierunter aber nur die . Übereinstimmungen von ì mit po allein und mit fumpo. Höchst wahrscheinlich handelt es fich alfo um ein befonderes Verhältniss nicht fowohl zwischen ì und *γ* als vielmehr zwischen ì und po d. h. *π*. Die wichtigeren Fälle folchen Zufammentreffens von ì mit *π*, foweit fie in den obigen Textproben vorkommen, find folgende. V. 146: *der markeys* ompfin, *der süze m.* 1h (der Vers erlaubt beides: *Wilhálm der sü'eze márki's* oder *Willehálm der márki's*). 156: *prach* ompfin, *zebrach* 1h wahrscheinlich richtig *(Sin tjóst die qui'tá'n zebrách;* vgl. 1 119 a 41 f.: *Ich enweiz ob du ez hást gehórt: Ez ist un qui'tá'n mu fórt).* — 160: *mit im* ompfin, *her* 1h. Ich halte letzteres für richtig. Gefälliger und flüssiger scheint die Lesart *mit im:* aber eben deshalb konnte leichter fie die andere als umgekehrt verdrängen. Schreiber des 14. Jhds. mochten einmal Anstoss nehmen an dem Missklange *her ... her ... mer* (e und ë klangen ihnen wohl ganz gleich), fodann auch regelmässigen Wechsel von Hebung und Senkung erstreben und deshalb *mit im* für *hér* einfetzen, zumal ein folches *mit im* aus dem vorhergehenden '*B. kom mit eime ... her*' leicht zu

entnehmen war. Der Dichter freilich wird gerade eine folche Wiederholung eher vermieden haben. (Zu vergleichen find übrigens n 292 c: *Ich hoffe daʒ ich gewinne ein her Daʒ Terramer her rber mer Sa groʒiʒ nimmer bringit;* n 298 a: *Nu was der kuning Terramer Komen mit maninger haude wer In der habe her rber mer;* n 238 c: *Schaffet mir hin ober mer Eyn gesamente*ʒ *her.*) — 220: *Vnd daʒ sie wurden von ime benomen* **Ih**, *vnd* und *von* fehlen in **ompfin**; der Vers gestattet beides: *würdn von* = Hebung und Senkung ist bei Türheim durchaus möglich. — 238: *in gotes* **ompi**, *der gottes* **h**, *es der gottes* **l**, *des goddes* **n**, *din tote* **f**. Das Ursprüngliche wird fein *in der gotes heude;* wahrscheinlich liegt ein alter Fehler vor, Auslassung des *in:* alle ausser h fuchten dann zu bessern, am geschicktesten i und μ. — 242: *lengen* **opix**, *langer lengen* **lhmfn** wohl gewiss richtig: der Vers verlangt 4 Hebungen; zudem rührt der Pleonasmus weit eher vom Dichter als von Schreibern her. — 254: *Heymeriche der vil* **lh**, *Waʒ H. der* **ompfinx**; richtig wohl gewiss das erstere. — 287: *vnderrahen* **opi**, *gar verrahen* **lhmfn** wohl richtig: *ich verrähe* = 'ich nehme etwas in Anspruch als mein Eigenthum, als von rechtswegen meiner Verfügung unterworfen, ich lege Beschlag darauf'; daraus erklärt fich fehr wohl die Verbindung *einen vnrnoe verrähen* = 'ihm zur rechten Zeit Einhalt thun, ihm vorbeugen'; vgl. auch die von Lexer belegte Bedeutung 'einfriedigen, einhegen'. **opi** verstanden das vieldeutige Wort nicht, fetzten ein schlichteres an feine Stelle und liessen das dann den Vers störende *gar* aus. — 389: *lait* **ompfin**, *gros laid* **h**, *hertʒeleit* **l**; vielleicht ist *lait* richtig. — 648: (*S*)*wo* **ompi**, (*S*)*wo mide* **lfn**, *Mit wie* h wohl richtig (in der Form *mit swin*). — 661: *all* **opi**, *gar* **lhmfn**. — 669 fehlt **opi** (gegen **lhmfn**); wohl blos zufälliges Zufammentreffen: **op** lassen auch den folgenden Reimvers aus, **i** nicht; das Auslassen des Verfes 669 war alfo feitens des Schreibers von **i** wohl nur ein Verfehen, veranlasst dadurch, dass fein Auge wegen der zwei gleichen vorletzten Worte in 668 und 669 von 668 auf 670 übersprang. In **op** dagegen liegt wohl gewiss wieder abfichtliche Verkürzung vor. —

Dies dürften die wichtigeren der in obigem Texte vorkommenden Übereinstimmungen zwischen l und $\pi$ ziemlich vollständig fein. Ich bin abfichtlich ausführlicher auf diefelben eingegangen, weil fie auch in ihrer Gefammtheit mir nicht geeignet erscheinen, zu einem klaren und bestimmten Ergebnisse über die Art der Beziehungen zwischen l und $\pi$ zu führen. Da einerfeits eine engere Verwandtschaft zwischen beiden, andererfeits — den obigen Stellen gegenüber — ihre völlige Unabhängigkeit von einander ausgeschlossen erscheint, dürfte bei der gegenwärtigen Sachlage nur die unbestimmte Annahme übrig bleiben, dass irgend eine Art von Kreuzung zwischen l und $\pi$ stattgefunden habe. Und zwar müsste $\pi$ die beeinflussende, l die beeinflusste Hs. gewefen fein: denn nur auf diefe Weife fänden fowohl die Übereinstimmungen von l mit $\pi$ allein als auch diejenigen von l mit ganz $\gamma$, deren bezügliche Lesarten ja auch $\pi$ eigen find, ihre Erklärung.

6. Wie verhalten fich h und $\beta$ zu einander? Auch die Beantwortung diefer Frage stösst auf Schwierigkeiten. Abschrift von l, wie K. Roth (Rennew. 60 und öfter) behauptete, ist h entschieden nicht, aus dem einfachen Grunde, weil h im Ganzen ungefähr 170 Verfe mehr enthält als l. von denen die grosse Mehrzahl unzweifelhaft echt ist, z. B. die 2 Verfe, welche h wie mfn, zwischen V. 540 und 541 hat (*mir* h ist natürlich Fehler für *niht* mfn) und diejenigen 2 Verfe, welche diefelben Hss. zwischen V. 615 und 616 bieten (vgl. weiter S. 76 ff.). Jenes erste Verspaar fehlt auch in v. h ist alfo auch nicht von v oder $\beta$ abgeschrieben.

In ihren Fehlern stimmt l bzw. $\beta$ in der Regel nicht mit h und noch weniger in ihren Auslassungen, wohl aber in beiden mehrfach mit $\gamma$. Allerdings aber findet fich auch eine nicht ganz geringe Anzahl von h und l ($\beta$) gemeinfamen Fehlern und folchen Lesarten, welche zunächst den Eindruck des Fehlerhaften machen können. Ich werde eine Auswahl der wichtigeren Fälle aus den obigen Textproben geben und einige weitere beifügen, auf die ich in anderen Theilen des Gedichtes gestossen bin. Doch will ich im Voraus bemerken, dass auch die Gefammtheit diefer Stellen mir nicht dazu angethan scheint, die Annahme einer näheren Verwandtschaft von h und l (β) oder einer 'Kreuzung' beider hinreichend zu rechtfertigen. Denn zum Theile find die betreffenden Lesarten nur scheinbar fehlerhaft, zum Theile dürften fie altüberlieferte Fehler eines Archetypus unverändert erhalten haben, während die anderen Hss. mehr oder minder geschickte Besserungsverfuche vornahmen, mit denen fie hin und wieder die ursprüngliche Lesart des Originales wiederhergestellt haben mögen.

V. 277: *seht* l und ebenfo *(secht)* h; die anderen Hss. (lmfn) weichen ab, f. oben die Varianten. *seht* ist wahrscheinlich Schreibfehler des Originales oder des Archetypus, den l (β) und h unverändert beibehielten, während die anderen (l und γ) durch Änderung einen Sinn herzustellen fuchten. Das Richtige wird fein *suht*; vgl. l 123 a 30 f.: *Ich bin gar mit leides suchte Berangen;* Konr. v. Würzb., Minnefinger 11 322 b: *Jô wise ich von êren vrühte Kargen man Zuo der schande sihtc;* fo auch der *sünden suht, jâmers suht* u. dgl. m. — 493: *minnen don* l h, *minne lon* i (γ weicht ganz ab, f. o.). Das Zufammentreffen ist auffallend; das Nächstliegende ist *minnelôn* als richtig anzunehmen, und dann müsste es schon ein recht feltfamer Zufall fein, wenn l und h jede von felbst auf den Fehler *dôn* gekommen wären. Dass wieder ein Fehler des Archetypus vorläge, ist freilich möglich, aber auch nicht mehr. Näher liegt die Möglichkeit, dass die Lesart von lh die richtige ist. Das Wort *minnendôn* steht auch (l) 127 a: Alife hat dort in überraschend kundiger Weife von der Minne gesprochen, fo dass Heimerich erstaunt fragt (nach n) '*Alise disen minnendôn Wer hât dich den geléret, wer?*' Die Bedeutung ist dort nach Lexer 'Liebeston, Liebeslaut', doch dürfte in diefer und in ähnlichen Verbindungen das Wort *dôn* wohl in etwas allgemeinerer Bedeutung zu verstehen fein: 'Art und Weife von etwas zu sprechen, etwas zum Ausdrucke zu bringen, Äusserung, Kundgebung, Erscheinungsweife, Bethätigung'. Vgl. 632 f.: *Tetragrammatôn, Des minne git sô süezen dôn (don* lmfn, aber hopl *lon!);* 477 f.: *Rennewart, dînes willen dôn Schiere in din herxe hillet;* l 132 a 16 f.: *Diu minne kan wol bringen Den geliebten süezen dôn:* n 277 c 12 ff.: *'Apollo, Mahumet vn̄ Hamon, Sendit mir vwerre helfe don Oder ich wil r intflihen Vn̄ mich zu Jhesu cihen'* ruft Terramêr im höchsten Zorne aus; Walther von Rheinau, Marienleben 174 a 19 ff.: *Hie nâch in spotes dône Machelen si im ein krône Von merbinze.* — Wäre nun in unserer Stelle *minnendon* das Richtige, fo wäre die von l vorgenommene Änderung in *minnelon* leicht erklärlich. Wahrscheinlicher bleibt indessen doch wohl, dass *minnelôn* die richtige Lesart darstellt, zumal wenn man die ganz ähnliche Stelle l 125 b 5 vergleicht ('ich kann es dir nie vergelten', fagt Rennew. zu Willeh.) *Ob du mc niht bliben last, Mirn werde Alŷsen minnen lôn* (hier haben alle Hss. *lôn*). — 632: *Daz ist eines* l, *Das ist ain* h, *Das* . . . . . . (das folgende ist zerstört) l, *Die ain ist* o m p f n. Wahrscheinlich liegt der Grund für diese verschiedenen Lesarten im Archetypus. Entweder las derselbe fehlerhaft (?) *Daz ist ein* statt *Daz ein(e) ist* (*ist* war vielleicht im Originale nachgetragen und dadurch im Archetypus an falsche Stelle gerathen); h — ob auch l? — und mit geringer Änderung l hätten dann den überlieferten Fehler beibehalten, während γ eine naheliegende Besserung vorgenommen hätte. Oder aber das Original hatte *'Derst [harum est] eine'*: dies konnte leicht von dem Schreiber des Archetypus als *'Deist eine'* verlefen und von ihm oder später von Schreibern abgeleiteter Hss. in jenes *'Daz ist'* aufgelöst werden. — l 109 d 12 f. (Rennew. verfolgt feinen fliehenden Vater Terramêr; nachdem er ihn endlich zum Stehen gebracht, fucht er ihn durch Drohungen und Mahnungen zur Annahme des Christenthumes zu bewegen: alle Ehren, alle Macht die du in fo reichem Maasse befitzest, wem verdankst du fie? Der immer war und immer fein wird, fieh, der hat fie dir gegeben und dazu 'manche hohe Krone'): *Dekein kvnig lebet so schone Oder für dich habe gewalt* l h. (Warum eigentlich hast du diefen für Tybalt und dich fo unglücklich ausgefallenen Feldzug unternommen? ufw.); *Der* (für Oder) z, *Der vor dich möge han gewalt* n f. *Der* ist an fich unanstössig und scheint auf den ersten Blick richtig; dennoch ist es wohl gewiss nicht die echte, ursprüngliche Lesart. Denn aus welchem denkbaren Grunde follten dann h und l das klare und deutliche *der* durch ein finnlofes *oder* erfetzt haben? Das Richtige ist erhalten in dem von h l überlieferten *oder*: zu schreiben ist *Od der* : 'es lebt kein König, der fo herrlich wäre (wie du) oder der an Macht dich überträfe'. Die Form *od* ist fehr häufig von späteren Hss. zerstört worden. — l 132 a 42 (Rennew. tritt am Morgen nach feiner Hochzeit aus der Brautkammer): *Rennewart der reine man Gieng da die* (zur Hochzeit geladenen) *ritter waren. Die ritter mith verbaren, Sie engrüzeten den ril sůzen. Ouch begrnde [er] sie srze grvzen Mit worten wol gesvzet. Er sprach 'daz ir alle mvzet Gwinnen hrte grten tae: Dar nach swaz ich gedienen mac Daz diene ich vch betalle'. Da gein in gen sie alle Vñ sprachen 'gnade, herre gt: Die gnade, herre, die ir vns tvt, Vil wol die gedienet wirt'. — Nr kom gegangen des riches wirt* ufw. v. Den offenbaren Fehler *'in gen'* theilt l mit v; h lieft dafür *'im giengen'*, f n haben *'nigen'*. Die Lesart von h ist fehr wahrscheinlich als Besserungsverfuch aus *'in gen'* anzufehen. Sicher ist richtig *nigen*. Das im Originale stehende Wort konnte an fich gelefen werden 1) *nigen*, 2) *mgen*, 3) *ingen*. Nun ist zwar gewiss nicht anzunehmen, dass der Abschreiber des Originales den vollkommen deutlichen Sinn desfelben entstellend abfichtlich ein finnlofes *ingen* statt des richtigen *nigen* niedergeschrieben hätte: wohl aber konnte er fehr leicht aus Flüchtigkeit oder Unachtfamkeit den i-Strich statt über den dritten über den erften der drei Grundstriche fetzen, welche den Anfang des Wortes bildeten, und fo ein deutliches *ingen* statt *nigen* niederschreiben. Diefes fehlerhafte *ingen*, oder getrennt *in gen*, des Archetypus ging in die abgeleiteten Hss. über. Die Vorlage von h fasste es als *in gen(t)* und änderte dem Sinne zu Liebe *im giengen*. Andere Hss., fo wohl auch γ, machten einen anderen fehr naheliegenden und wirklich das Richtige wiederherstellenden Besserungsfuch, indem fie das überlieferte *ingen* in *nigen* änderten. — l 179 a 40 ff. (Willehalm, durch einen neuen Einfall der Heiden schwer bedrängt, will Rennewart aus dem Kloster zu Hülfe holen. Der aber erklärt 'fo gern ich auch hülfe, meine Mönchspflicht erlaubt es mir nicht; ich muss deshalb Kyburg und dich in der Not lassen: *Daz machet daz ich goles grâz Wil behalten gar min leben: Ich han mich alles des bewegen Daz mir gein im geschehen mac.* 1. Das natürlich fehlerhafte *bewegen* hat auch h — aber, nach Lachmanns Abschrift von l zu schliessen, auch f. Es liegt alfo wohl wiederum ein Fehler des Archetypus vor. Indessen auch ohne diefe Annahme wäre das Zufammentreffen von h und l nicht allzu auffallend: die vorliegende Vertauschung kommt in den Hss. häufig und fogar bei schützendem Reime wie hier wiederholt vor. n (und vielleicht andere Hss.) nahmen hier die naheliegende und richtige Besserung in *begeben* vor.

So wie an den vorstehend angeführten Stellen treffen l (β) und h noch öfters zufammen; aber immer, foweit ich gefehen, ist es dabei wahrscheinlich oder mindestens gar wohl möglich, dass beide ohne Änderung oder mit unwefentlicher Änderung eine fehr alte fei es wirklich foi es scheinbar fehlerhafte Überlieferung bewahrt haben, welche die anderen Hss. dem Sinne zu Liebe eigenmächtig umgeftalteten. Eine nähere Verwandtschaft zwischen β und h glaube ich alfo bis jetzt nicht annehmen zu müssen, um fo weniger als weit stärkere Gründe das Vorhandenfein näherer verwandtschaftlichen Beziehungen zwischen β und γ wahrscheinlich machen; f. unten nr. 8.

7. **Wie verhalten fich h und γ zu einander?** Beide find unabhängig von einander; fie gehen in ihren Fehlern stets verschiedene Wege: ich habe innerhalb der von mir durchforschten Textestheile nicht eine Stelle gefunden, an der h und γ in erwähnenswerther Weife zufammenträfen.

8. **Wie verhalten fich β und γ zu einander?** Jede von beiden vermeidet die Mehrzahl der von der anderen begangenen Fehler (Beispiele f. oben unter 1 und 2). Daneben aber zeigen β und γ eine Reihe gemeinfamer Fehler und Lücken, die nicht wohl ein Werk des Zufalles fein können, fondern auf eine gemeinfame Quelle, auf eine β und γ gemeinfame Stammhs. hinweifen. Als Vertreter von β musste im Folgenden natürlich meist l allein angefehen

werden; leider konnte ich, was schlimmer ist, auch von der
Familie γ vielfach nur wenige Vertreter, öfters fogar nur
einen (n) heranziehen.

V. 203: *Von vil* l, *Vnd vil* o m p f n, *Von winden*
h l richtig. l hat die ursprüngliche, dem Richtigen noch
nähere Form des Fehlers, die von γ weiter geändert wurde.
Vermuthlich hatte die β und γ gemeinfame Stammhs. das
Wort *winden* in ihrer Vorlage ausgelassen gefunden und dem
Metrum zu Liebe ein Flickwort *vil* eingefetzt. — 284: *Icyelicher* .... *neme* l, *Man liez (hiez* o) *iglcichen* ..... *nemen*
o m p f n, *Manneyleich* ..... *neme* h l doch wohl richtig.
Hier stimmen l und γ wenigstens überein in der Zerstörung
des richtigen '*manne(ge)lich*' und in der Einfetzung des unrichtigen '*icyelicher*'. — 580: *munt* l m f n, *mütt* h o p. Die
richtige Lesart ist natürlich *muot;* in o p, d. h. π, beruht fie
höchst wahrscheinlich auf einer Konjektur, da auch die mit
o p näher als mit f n verwandte Hs. m den Fehler *munt*
theilt. Derfelbe war wohl in γ wie in β vorhanden und fomit in der vorausgefetzten Stammhs. beider. — 591: *entsniden* l, *rersniten* m f n, *entsinnet* h. Offenbar unrichtig ist
die Lesart von l. Zu der von m f n könnte man vergleichen
Konrads v. Würzb. Herzm. 316 f. '*Wie min herze si rersniten
Nāch ir vil süezen minne*' und 67 '*Daz [= sin wundez herze]
nāch ir minne lac rersniten*'. Doch bleibt ein folcher Ausdruck, wenn in ihm 'Sinn' statt 'Herz' eingefetzt wird,
mindestens recht bedenklich. Dazu kommt, dass in dem
vorhergehenden Auftritte, über den Kyburg hier berichtet,
wiederholt von dem 'fich verkehrenden' Sinne Rennewarts,
feinen 'verirrten', 'verworrenen', 'sich entsinnenden' Sinnen
die Rede war (V. 549; l 124 a 34, 35, 42), niemals aber
von '*rersnitenen*' Sinnen, fo dass auch hier der Ausdruck
'*entsinnet*' zum Mindesten näher liegt. Und an fich ist ein
'*sin sin ist entsinnet nāch Alysen süezen minnen*' durchaus
verständlich und nicht auffallender als ähnliche mit *insanire,
furere* gebildete Wendungen im Lateinischen oder als Französisches *raffoler d'une femme*. Dass die meisten Schreiber an
dem wenig gebräuchlichen '*entsinnet*' Anstoss nahmen und
deshalb änderten, ist begreiflich. Schwaches '*entsinnet*' ist

übrigens ganz analog den Formen *gesinnet, besinnet, versinnet;* *'entsinnete liute'* findet sich in gleicher Bedeutung wie das kurz vorhergehende *'unsinnige liute'* in Walthers v. Rheinau Marienl. 179, 19. Ich halte alfo *entsinnet* an unferer Stelle für richtig und *entsniten* für die ältere auf die Stammhs. von β γ zurückgehende Form des Fehlers, an welcher dann γ dem Sinne zu Liebe, wie öfters, weiter änderte. — Befonders schlagend ist die folgende Stelle: 604: *enpfahe* 1 f, *enphahen* m n, *pfade* h zweifellos richtig (*pfaden* auch fonst bei Ulrich, fo Trist. 417). Auch hier wieder hat β die Überlieferung der Stammhs. treuer bewahrt als γ, welche dem Reime auf das fehlerhafte Wort zu Liebe den ganzen folgenden Vers umgestaltet. — Ein weiterer Beweis für die Verwandtschaft von β und γ ist der Umstand, dass eine erhebliche Anzahl von grösstentheils wohl gewiss echten Verfen, welche in h erhalten find, von β und γ übereinstimmend ausgelassen werden. Bei den nachstehend besprochenen zwei Stellen konnte ich von den γ-Hss. als Vertreter der ganzen Familie leider nur die eine n heranziehen. — 1) Malfer, der bei den Heiden aufgewachsen war, und Rennewart haben fich als Sohn und Vater erkannt und in Freuden und unter allerhand Kurzweil mehrere Wochen bei Willehalm und Kyburg zugebracht. Endlich denken fie ans Scheiden. Und nun geht der Text nach l und n folgendermaassen weiter: *Sich hvp ein iemerlichez klagen Von den werden helden* (fehlt n) *beiden Die von dannen wolden scheiden. 'Wie wiltv daz ich arme tv? Min leit daz get mir aber zv* (l n), *Sint daz min bruder hinnen wil. Got dachte daz ich gar zv vil Vröde hette gewunnen'* (n) ufw. Rennewart antwortet dann 'Schwester, klage nicht über unabänderliche Dinge: ich bin schon zu lange von meinem Kloster fortgewefen, dorthin muss ich jetzt wieder zurück'. Dann tauscht er Freundschaftsverficherungen mit Willehalm und bittet ihn dazu mitzuwirken, dass Malfer das Land Portipaliart, das er, R., vor feinem Eintritte ins Kloster befessen, wieder erhalte, ufw. Dass vor *'Wie wiltv'* ein Stück des echten Textes in l und n (d. h. wie wohl angenommen werden darf in β und γ) ausgefallen ist, kann keinem Zweifel unterliegen. Die Worte

'*Wie willt*' ufw. spricht offenbar Kyburg, von der in l n feit einer langen Reihe von Verfen nicht mehr die Rede gewefen ist. Die Lücke ist in h unzweifelhaft nach dem urspünglichen vollständigen Texte ergänzt: nach '*wolden scheiden*' geht in h der Text weiter: *Das was Rennewart vnd Malfer: Nach vrlaub was ir beider ger. Do Kyburg das von in vernam* — ward fie fehr traurig, klagte Rennew. ihr Leid und fuchte ihn zum Bleiben zu bewegen. Der aber fagt, er dürfe nicht länger feinem Kloster fern bleiben; Kyburg möge ihm bitten helfen. dass Willeh. dem jungen Malfer Portipaliart verfchaffe. *Nu kam gegangen der markys.* 'Nichts Lieberes hab ich als euch beide' fagt er zu R. und K. Aber '*Owe mir vnd heya h[a]y' Sprach Kyburg vnd weinde man [in an?]* \*): '*Markys, raine selig man, Wie wiltu das ich arme tû?*' ufw. wie in l und n. — 2) Durch einen Engel hat Gott Malfer geboten, er folle die Königin von Afia, die starke Penthefelie auffuchen, die ihm zum Weibe bestimmt fei. Nach langer Fahrt und vielen Kämpfen ist Malfer in die Nähe der Stelle gekommen, wo auf einer fchönen blumigen Wiefe, am Rande einer Quelle, P., welcher der Engel ebenfalls erfchienen ist, von fünfhundert Frauen umgeben feiner wartet. Schon lange war M. von heisser Liebesfehnfucht nach ihr gepeinigt. Das gibt hier dem Dichter Anlass zu einer Apostrophe an die Minne: *Minne, swen du hast verwunt, Wizze daz der krummer treit, Swer gernde lust zv hertzen leit. Es krenket raste sinne, Swer gert werder minne Vnd ir gewinnet kunde. Minne, ez ist dir srnde, Ob sie din trost verderben lat, Sit daz geliche ir herze stat. Nv beginnet (lihte) etswer gedenken 'Sin kunst die kan hie wenken: Wie mohte haz vnd minne Einem razze gewesen inne?' Daz wil ich erch lan horen* ufw. So nach l und n (kleine Fehler habe ich hier gebessert, die unwefentlichen Varianten übergangen). Zwischen '*ir herze stat*' und '*Nv beginnet*' hat h 68 Verfe, welche nicht nur nach Stil und Metrik durchaus den Eindruck der Echtheit machen, fondern auch

---

\*) Wahrscheinlich *in* an: treffend vergleicht Zacher: Barl. 110, 30 (Pfeiffer): *dô si* (Magdalona) *Krist* (Christum) *anweinde*.

für den Sinn geradezu nothwendig find. Denn mit den Worten 'Nr beginnet' ufw. will der Dichter fich gegen einen feitens feiner Lefer drohenden Vorwurf vertheidigen, zu dem er nach dem Texte von I und n auch nicht den mindesten Anlass geboten hat: von Liebeslust und Liebeskummer ist auch in I n die Rede gewefen, von einer Vereinigung von Liebe und Hass 'in einem Gefässe' oder dgl. aber gar nicht. Noch mehrere Umstände in der unmittelbar anschliessenden Erzählung bleiben nach I n unerklärt: P. spricht gleich nach der obigen Stelle zu M., und doch ist nach I n noch nicht M.s eigentliche Ankunft erzählt; P. verlangt, dass M. feine fämmtlichen Mannen entlasse und allein mit ihr fahre; M. will das nicht, es kommt zu einem heftigen Wortwechsel: P. heisst ihn fich anderswo ein Weib fuchen, fie will zurück nach Haufe. 'Dann wäre es ja', fagt M., 'ein Judaskuss gewefen, den ich, Herrin, von euch erhalten habe'. Nach I n hat aber M. überhaupt keinen Kuss von P. erhalten! Alles dies erklärt fich aus dem Inhalte der von h erhaltenen 68 Verfe. Sie beginnen: *Nu was der kunig Malfer Mit vil herzelicher ger Dar komen also nahen Das sine augen (da) sahen Die vil wunneclichen schar. Nu gestunt er und nam des war Welhes were Penteselie.* Er geht auf fie zu — *Wie er da würde enpfangen Von der kunigin von Ephesus? Susse, vnd gab im ainen kuß Das kain kuß nie susser wart.* Beide gehen dann Hand in Hand zu einem Sitze und beginnen die Unterhaltung. Ebenfo fetzen fich M.s Ritter zu den Frauen. *Sie redten manige rede gütt. Ob vnder zwain sich da ain müll Verainet, das was der Minne ratt. Frawe Minne, ich wil ewr tatt Hie wene mit worten rügen. Wie mügent ir das gefügen Das ir die liebe vnd den haß Bringt samt in ain raß? Da lit ain michel wunder an Das die frawe vnd der man Ainander hassen begunden* [bezieht fich natürlich auf den gleich nachher ausbrechenden Streit zwifchen M. und P.] *Vnd doch nit des erwunden Sie enlaisten das gepotte Das in geboten was von gotte, Das sie bey ainander beliben Vnd mit liebe ir zeyt vertriben. Nu begunt lichte ettwer gedencken* ufw.

Solcher h und n gemeinfamer Auslassungen gibt es noch eine erhebliche Anzahl. Ich glaube vorausfetzen zu dürfen, dass die Lücken auch in den übrigen γ-Hss. fich finden: bei der (unvollständigen!) Hs. f ist es der Fall. Genauere und vollständige Unterfuchung muss ich mir für später vorbehalten.

Die nach allem Vorstehenden von mir angenommene β und γ gemeinfame Stammhs. fei mit α bezeichnet. Da γ einen weit fehlerhafteren Text bietet als β, wird fie von der gemeinfamen Stammhs. durch mehr Zwischenglieder getrennt zu denken fein als β.

9. Nur weniges bleibt zu fagen über das Verhältniss von α i und h unter fich und zum Originale. Nähere Beziehungen zwischen zweien gegenüber der dritten find nicht zu erweifen. Die 2 Verfe, welche h nach dem (abgeänderten) V. 257 zufetzt (f. oben d. Varianten), lassen lompfnx ebenfo wie i aus: doch lässt fich daraus auf eine nähere Zufammengehörigkeit von α und i nicht schliessen, da die Echtheit der Verfe mindestens recht zweifelhaft ist. Der Sinn der Stelle scheint übrigens nach h folgender zu fein: der greife Heimrich legte bei den Kampfspielen eine fo jugendliche Rüstigkeit, Kraft und Geschicklichkeit an den Tag, dass die Kunde von diefem neuen Triumphe der Christenheit bis zu Mahumet drang. Verderbt scheint jedesfalls die Stelle in allen Hss. zu fein. — Die Quelle, auf welche h i und α zurückgehen, enthielt bereits eine Anzahl von Fehlern: es genügt auf die bereits gelegentlich erwähnten und besprochenen zu verweifen: f. unter 6. Diefer Archetypus fämmtlicher bisher besprochenen Texte fei mit A bezeichnet. Direkt aus A abgeleitet kann i nicht wohl fein, dazu hat fie den ursprünglichen Text zu oft entstellt und verändert. Auch h kann nicht wohl unmittelbar, ohne Zwischenglieder von A abstammen: denn der Schreiber (des dritten und weitaus grössten Theiles) von h schreibt den im Ganzen genommen vortrefflichen und dem Originale nahestehenden Text feiner Vorlage ziemlich genau, aber offenbar fo rein mechanisch und verständnisslos ab, dass er vielfach die einfältigsten und finnlofesten Fehler begeht, ohne fich dessen bewusst zu werden. Zahlreiche Belege find ohne Mühe in der obigen Variantenzufammenstellung aufzufinden. Nun aber finden fich in h

eine Anzahl von Abänderungen des überlieferten Textes, welche, ohne eben fehr glücklich zu fein, doch einen gewissen Grad felbständiger Überlegung verrathen, wie fie jenem unverständigen Schreiber schlechterdings nicht zuzutrauen ist. Hierher gehört z. B. die Zufetzung zweier Verfe nach V. 88; denn echt find diefe Verfe schwerlich: fie machen ganz den Eindruck einer später in den Text gerathenen Randgloſſe, deren Verfertiger, mit Unrecht, wenn auch erklärlicher Weife, Anstoss nahm an dem Ausdrucke *'der helm was . . . . in strite ein guot gererte'* ('diefer V. 88 ist = Parzival 53, 6' Zacher). Auch der im Anfange diefer Nr. besprochene Zufatz nach V. 257 gehört hierher, falls er wirklich nnecht ist; ferner V. 517 die Änderung *Vnd nach der liebe nennen* h, auch wohl VV. 587—588 die Änderung des richtigen *sûze: bûze* lfnm in *gesüste: büste;* der Änderer verstand die Form *bûze (bücze)* nicht: es ist der Konjunktiv des Präfens veranlasst durch das *sol* in V. 586 (Wilmanns zu Walther 51, 22; L. Bock, Mhd. Konjunktiv QF. XXVII S. 49 ff.). Solche in A noch nicht enthaltene Änderungen muss alfo wohl der Schreiber von h bereits in feiner Vorlage gefunden haben*). — Ob endlich α, die nur erschlossene Stammhs. der ebenfalls nur erschlossenen Hss. β und γ, von A direkt oder durch Vermittlung von Zwischengliedern abstamme, kann füglich unerörtert bleiben.

---

*) Dies ist jetzt orwiofen, wenigstens für die erste der angeführten Änderungen (den Zufatz nach V. 88) durch den Umstand, dass das inzwischen von Kohl veröffentlichte Kreuznacher Bruchst., welches 1½ Jahrhunderte älter ist als h, ebenfalls jene 2 unechten Verfe zufetzt.

Das Gefammtergebniss meiner Unterfuchungen über das Verhältniss der neun Hss. **1 h o m p f v l n** würde fich bildlich etwa folgendermaassen darstellen lassen:

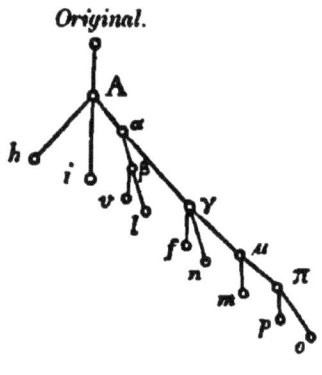

Original.

## 5. Anhang.

Es bleibt mir noch übrig, denjenigen Hss., von welchen ich nur kleinere Stücke vergleichen konnte, foweit es darnach möglich ist, ihre ungefähre Stellung innerhalb der Hss.-Familie anzuweifen. Es handelt fich um die Hss. **E x g e z k** (2. Kap. nr. 5, 24, 26, 28, 29, 2).

1. Die Hs. **E** bietet allem Anscheine nach einen Text von hohem, dem von l mindestens gleichkommendem Werthe und wird daher für eine Ausgabe des Gedichtes nicht zu entbehren fein. Was ihre Stellung in der Hss.-Familie anlangt, fo gehört fie weder zur Gruppe $\gamma$ noch auch zur Gruppe $\beta$, da fie deren Fehler regelmässig vermeidet; z. B. V. 731: *Erringen* lhE**g** richtig, *Entringen* (*Eutringen?* p) ompn; 743: *Daz sie niht beide solden leben* lE richtig, *Daz die dort mit sælden leben* omn; 717: *Turheim* hE, *Turhaim* o, *Turheym* g, *Torheim* n, *Trrchaim* m, *Terkeim* l; 728: *Winterste(t)ten* hoE, *Wintersteden* g, *Vinstersteten* m, *Vinsterstete* n, *Winterstein* l; 752: *Wizzet* Ehzn, *Wizze* lv; auch wohl 777: *blûnden* (d. i *blüenden*) E wohl richtig, *bunden* (wie schon Lachmann bemerkte, verschrieben für *blüenden*) h, *besten* lvn. Eine Vergleichung von E mit l ist ausgeschlossen, da die letztere an den betr. Stellen nicht erhalten ist. Mit h zeigt E mehrfach im Gegenfatze zu den anderen Hss. Über-

einstimmung, aber es ist kein Fall eines zweifellofen Fehlers darunter; fo z. B. in dem eben angeführten Falle V. 777; ferner 794: *deweder:* l v wohl richtig, *iklich* n, *ietweders* E h. Von eignen Fehlern ist der Text von E nicht frei z. B. 716: *sliuzet* für *rlixet;* 723: *Heymerichen* für *Heinrichen;* doch find folche Fehler verhältnissmässig nicht zahlreich.

2. Die Hs. x. Diefe in die Wolfenbütteler Weltchronik eingearbeiteten Stücke des Willehalm find zwar nur 'vielfach und fehr roh veränderte Auszüge' (Lachmann, Wolfram' XXXVII), doch verdienen fie immerhin Beachtung, weil fie eine nicht unerhebliche Anzahl von Verfen enthalten, welche der Bearbeiter unverändert aus feiner Vorlage herübergenommen hat. Aus diefen Verfen geht deutlich hervor, dass der Bearbeiter eine Hs. der Gruppe $\gamma$ und zwar höchst wahrscheinlich eine mit o p näher verwandte Hs. zur Vorlage gehabt hat: denn x theilt regelmässig die Fehler von $\gamma$ und meistens die von $\pi$. Ich führe ein paar Beispiele an: V. 94: *Mit disen helm* (*helmes* m) *snueren* o m p f n x, *Den mit helmes snûren* l h k; 95: *gerochten* o m p f n x, *geschritct* h, *gestricket* l richtig (f. o. Kap. 4, 1); 139: *huffe* o m p f n x, *hehsen* l h k richtig; 161: *was er geswûr* p o x, *dex* (*daz* m n) *er* (*er do* l, *her im* n) *swûr* l h m f n; 242: *lengen* o p i x, *langer lengen* l h m f n (f. o. Kap. 4, 5); 258: *Daz im was* o p x, *Daz in was* m f n, *Daz was* l h i; hierher gehört wohl gewiss auch die o p x gegenüber den andern Hss. l h m f i n gemeinfame Auslassung der zwei VV. 250—251. Denn das ganze Stück 242—271 hat der Bearbeiter von x unverkürzt beibehalten bis gerade auf die zwei auch von o p ausgelassenen Verfe; dass diefes Zufammentreffen zufällig wäre ist fehr wenig wahrscheinlich. — Nun finden fich allerdings auch mehrere Stellen, an denen x von o p abweicht und mit anderen Hss. übereinstimmt. Doch beweist dies nichts gegen die nahe Verwandtschaft von x und o p: denn jene Stellen find fast fämmtlich folche, an denen x mit anderen Hss. gegenüber o p den echten, unentstellten Text erhalten hat. Es lässt fich alfo daraus nur foviel mit Wahrscheinlichkeit schliessen, dass x nicht wohl von der gemeinfamen Quelle von o p, d. h. nicht wohl von $\pi$ abstammen kann, da fie mehrere Fehler derfelben ver-

meidet, fondern vielmehr auf eine vor π, zwischen π und μ liegende Hs. zurückgeht, welche den π eigenthümlichen Text noch in etwas reinerer Form enthielt. Ich führe beispielsweife ein paar Belegstellen an: V. 78: *Dar inne lay* **opf**, *Da lay ime* **ln**, *Da lay inne* **hmxk** richtig; 144: *chaum ſir getruegen* **op**, *trǔgen krme riere* **lhmfinxk**; 259: *Dem alten* **op**, *Den alten* **lhmfinx**.

3. Die Stellung der gegenwärtig verschollenen de Grooteschen Papierhs. = **g** lässt fich aus den 44 Verfen des Türheimschen Theiles, welche v. d. Hagen in Büschings Wöchentl. Nachr. III 126 ff. abgedruckt hat, nicht genau bestimmen. Doch führt eine nähere Unterfuchung jenes jetzt allein zugänglichen Stückes der Hs. zu folgenden nicht unbedeutfamen Ergebnissen.

**g** ist ficher nicht, wie Roth Rennew. 105 behauptet, Abschrift von **n**. Roths Behauptung widerlegte bereits Suchier Germania 17, 178 durch den Hinweis auf V. 731, wo **n** mit **om** (p) unrichtig *Entringen* liest, während **g** mit **lhE** das richtige *Erringen* hat. Noch mehrere andere Stellen zeigen fehr deutlich, dass **g** nicht Abschrift von **n** fein kann, fo z. B. V. 727: *Was* (*Was er* **m**) *niht wol ein* (*ein wol* **m**) *gepriset* (*gepreister* **o**) *man* **lhEgom**, *Der eine was ein werdir man* — am Rande nachgetragen — **n**. Da jenes *Entringen* wohl ficher auf γ zurückgeht, lässt fich schliessen, dass **g** überhaupt nicht zur Gruppe γ gehört, eine Annahme, welche dadurch bestätigt wird, dass **g** auch fonst die Fehler von γ (deren Lesarten ich hier allerdings nur aus **omn** erschliesse) innerhalb jener 44 Verfe stets vermeidet, fo z. B. V. 734: *Mine besten* **lhE**, *Myn best* **g**, *besten* fehlt **on**, *all mein* **m**; 743: *Da: die dort mit selden leben* **omn**, *Da: sie niht beide solden leben* **lEg**. — Ferner ist **g** gewiss nicht Abschrift von **l** (717: *Trrkeim* **l**, *Trrheym* **g**; 728: *Winterstein* **l**, *Wintersteden* **g**) noch auch Abschrift von **E** (723: *Heymerichen* **E**, *Heynrichen* **g**; 718: *liebe* **lhomn**, *lieren* **g**, *ril* **E**) und ebenfowenig Abschrift von der zudem wohl ein paar Jahrzehnte jüngeren Hs. **h** (740—743 fehlen **h**, während fie in **g** erhalten find). — Bestimmteres lässt fich gegenwärtig über die Stellung von **g** nicht fagen.

4. **Die Erlauer Papierhs.** = e stammt nach Suchier (Quelle Türlins 10) mit o aus einer Quelle, welche ihrerseits wieder mit p auf ein Original zurückgeht. Mir haben aus der Hs. von Türheims Theile nur die 20 ersten und die 16 letzten Verfe in einer Abschrift vorgelegen, deren Zuverlässigkeit in allem Einzelnen mir zweifelhaft erscheint. Doch ergibt fich daraus folgendes mit Sicherheit. Die Hs. gehört zur Gruppe *µ*, denn fie enthält am Ende die Widmung an den Markgrafen Otto. Dass fie mit o p näher als mit m verwandt ist, lehren die Lesarten: V. 1: *Heiligeist* (*Heiliger geist* e) *herre rater* o e, *Heiliger got herr rater* p. *Herr rater geist* m, *Herre geist rater* l h n E; 3: *dr bist* l h E m n, fehlt o p e; 5: *preiste* o p e, *wiste* l h E m n; nach 841, im 1. V. des Einschubes: *Dit: puecches* o e, *Die: buch* p, *Der dit:es puech* m, *Der dyß büches* z; 845: *sein huld amen* o p e, *sin amen* l h m n z. e ist also mit o p nahe verwandt, aber fie steht zu keiner von beiden in direktem Abhängigkeitsverhältnisse, sondern geht selbständig auf *π* zurück; Beweise hierfür find z. B. V. 1: *got* p, *geist* o e (l h m n E); V. 14: *chom* o, *kan* l h m n e; 843: *:e im* o, *in sin riche* l h m p n z e; 844: *genadet* p, *gemachet* l h o m n z e.

5. **Die unvollständige Wiener Papierhs.** = z, 'trotz ihrem geringen Alter nicht unwichtig' (Lachmann, Wolfr.' XXXVII) ist nicht, wie Suchier Germània 17, 178 erklärt, Abschrift von l, deren Fehler fie öfters vermeidet. Ein paar Beispiele aus verschiedenen Theilen des Gedichtes: l 109 a 26: *Din* [Gottes] *name von wite ist so her* l, statt *wite* liest z mit h o f m richtig *wirde*. — l 109 b 40: *Wie gegütet din güte sint* l (Rennew. spricht hier zu feinem Vater Terramêr von der Güte des im vorhergehenden Verfe genannten 'Kindes der Magd'); *din*, welches nur auf Terramêr gehen könnte, ist zweifellos falsch, das richtige *sine* hat z mit h f n. — l 110 a 28: *Er* [Rennew.] *slůg dem rater ein stark gebu:* l, *Er schlůg dem rater ein ralcken poß* h z, *El* (Schreibfehler: *Her* m) *tet dem natere einen sulchen sto:* o n. Höchst wahrscheinlich haben hier h z den Text ganz unverfälscht erhalten. Lachmann z. Nib. 1823 vermuthet *backen bo:*: f. dagegen D. Wörterb. 2, 267; vgl. auch Lexer unter

*ralkenbö:.* — 1 154 d. 37: *Do der müniche entwichen gereit
l, en weg z, den weg* h. — V. 752: *Wixel* v, *Wixel* h n E z
richtig. — 806: *Trrkeim* l, *Türhaim* h z. — z steht in
näheren Beziehungen zur Gruppe γ und zwar
speziell zu den auf μ zurückgehenden Hss., denn fie
enthält mit **o m p e** am Schlusse des Gedichtes die Widmung
an den Markgrafen Otto. Auch theilt dem entsprechend z
mit μ eine Anzahl fehlerhafter Lesarten: V. 810: *bi im* l h u,
*pei mir* o m, *by miner sit* z; 838: oder l h n, fehlt o m p z e;
840: *haile* o m p z c, *heiles* l h n; und fo noch mehrmals am
Schlusse des Gedichtes. Nun aber führt zu einem auffallend
abweichenden Ergebnisse eine Unterfuchung des Textes von
z in einem früheren Theile des Gedichtes; es ist der Theil,
aus welchem oben VV. 672—711 abgedruckt find. Hier
nämlich zeigt z kein einziges Mal eine bezeichnende Über-
einstimmung mit μ, ja auch nur mit γ, fondern vermeidet
im Gegentheile an einer ganzen Reihe von Stellen folche
Fehler, welche auf μ oder auf γ zurückzugehen scheinen.
V. 688: *Sprach* o m, *Warb* l h f n z; 689: *Glesulde* o, *Glesult* m,
*Glesulte* n, *geslchte* f, *Gschulte* l h z; 698: *Zarsar* o, *Zarsa* m,
*Zasar* f n, *Zesar* l h; *Cesar* z; 701: *Thenthaschoye* o, *Tentha-
schoye* m, *Tantaichoy* f, *Tentaschoye* n, *Tschaschoye* l h, *Scha-
schoie* z; 702: *Karralon* o m, *Karal* h f n, *Karral* l z; hier-
her gehört auch die vorher angeführte Stelle l 110 a 28;
684: *Von Sarie (Sarye* f n) *Man* l f n, *Mach von Sirie* h,
*Ma von Syrie* z (*Mich* richtig, weil kurz nachher auf *mich*
reimend). Mit h stimmt z in vielleicht fehlerhafter Lesart
V. 711: *was* h, *das was* z, *hies* l o m f n und noch ein paar
Male.

Aus allem Angeführten ergibt fich mit Sicherheit oder
grosser Wahrscheinlichkeit nur Folgendes. Der Schreiber von
z hat eine Hs. der Gruppe μ als Vorlage benutzt. Daneben
aber muss er, fei es aushülfsweife, fei es für grössere Theile
des Gedichtes ausschliesslich, eine andere, werthvolle, nicht
zur Gruppe γ gehörige, vielleicht mit h näher verwandte
Hs. feiner Abschrift zu Grunde gelegt haben.

6. Kreuznacher Bruchst. = k, erst nach Abschlusse
vorliegender Arbeit veröffentlicht. Benutzen konnte ich nur

127 VV. (V. 29—153 oben). Das Bruchst. bietet einen der ältesten und zugleich der werthvollsten aller erhaltenen Texte. Es ist nahe verwandt mit h, mit der es, auch in offenbaren Fehlern, wiederholt gegen alle anderen Hss. übereinstimmt. Ich führe nur zwei befonders charakteristische Stellen an: V. 51: *hals* l o m p f u, fehlt h k: zweifellofer Fehler; nach V. 88 schieben h und k, gegen die anderen Hss. alle, zwei Verfe ein, welche fehr wahrscheinlich unecht find, (f. Kap. 4 gegen Ende). k und h find alfo nahe verwandt; aber nicht in gerader Linie, d. h. h ist nicht Abschrift von k, denn h hat öfters die richtige Lesart bewahrt, wo k diefelbe entstellt hat, z. B. V. 35: *Gyonere* k, *Grouere* h, *Grorere* l, *Grawer* m, *der Grawere* f, *Grawere* n; 48: *huffe* k, *guffe* h richtig mit den anderen. Hiernach ist anzunehmen, dass k mit h auf eine gemeinfame Vorlage zurückgeht, welche einen im Ganzen recht guten und dem Originale nahestehenden Text bot (vgl. Kap. 4, nr. 9).

E n d e.

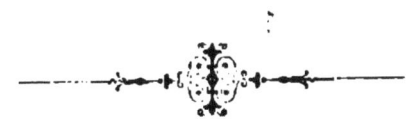